書名：奇門揭要
系列：心一堂術數古籍珍本叢刊　三式類　奇門遁甲系列　一

主編、責任編輯：陳劍聰
心一堂術數古籍珍本叢刊編校小組：陳劍聰　素聞　梁松盛　鄒偉才　虛白盧主

出版：心一堂有限公司
通訊地址：香港九龍旺角彌敦道六一〇號荷李活商業中心十八樓〇五—〇六室
深港讀者服務中心·中國深圳市羅湖區立新路六號羅湖商業大廈負一層〇〇八室
電話號碼：(852)67150840
網址：publish.sunyata.cc
電郵：sunyatabook@gmail.com
網店：http://book.sunyata.cc
淘寶店地址：https://shop210782774.taobao.com
微店地址：https://weidian.com/s/1212826297
臉書：https://www.facebook.com/sunyatabook
讀者論壇：http://bbs.sunyata.cc/

版次：二零一零年十二月初版
平裝　彩色

港幣　二百七十八元正
定價：人民幣　二百七十八元正
新台幣　一千一百元正

國際書號：ISBN 978-988-8058-54-9

香港發行：香港聯合書刊物流有限公司
地址：香港新界大埔汀麗路36號中華商務印刷大廈3樓
電話號碼：(852)2150-2100
傳真號碼：(852)2407-3062
電郵：info@suplogistics.com.hk

台灣發行：秀威資訊科技股份有限公司
地址：台灣台北市內湖區瑞光路七十六巷六十五號一樓
電話號碼：+886-2-2796-3638
傳真號碼：+886-2-2796-1377
網絡書店：www.bodbooks.com.tw
台灣國家書店讀者服務中心：
地址：台灣台北市中山區松江路二〇九號一樓
電話號碼：+886-2-2518-0207
傳真號碼：+886-2-2518-0778
網絡書店：http://www.govbooks.com.tw

中國大陸發行　零售：深圳心一堂文化傳播有限公司
深圳地址：深圳市羅湖區立新路六號羅湖商業大廈負一層〇〇八室
電話號碼：(86)0755-82224934

心一堂微店二維碼

心一堂淘寶店二維碼

心一堂術數古籍珍本叢刊 總序

術數定義

術數，大概可謂以「推算、推演人(個人、群體、國家等)、事、物、自然現象、時間、空間方位等規律及氣數，並或通過種種『方術』，從而達致趨吉避凶或某種特定目的」之知識體系和方法。

術數類別

我國術數的內容類別，歷代不盡相同，例如《漢書・藝文志》中載，漢代術數有六類：天文、曆譜、無行、蓍龜、雜占、形法。至清代《四庫全書》，術數類則有：數學、占候、相宅相墓、占卜、命書、相書、陰陽五行、雜技術等，其他如《後漢書・方術部》、《藝文類聚・方術部》、《太平御覽・方術部》等，對於術數的分類，皆有差異。古代多把天文、曆譜、及部份數學均歸入術數類，而民間流行亦視傳統醫學作為術數的一環；此外，有些術數與宗教中的方術亦往往難以分開。現代學界則常將各種術數歸納為五大類別：命、卜、相、醫、山，通稱「五術」。

本叢刊在《四庫全書》的分類基礎上，將術數分為九大類別：占筮、星命、相術、堪輿、選擇、三式、讖緯、理數(陰陽五行)、雜術。而未收天文、曆譜、算術、宗教方術、醫學。

術數思想與發展——從術到學，乃至合道

我國術數是由上古的占星、卜蓍、形法等術發展下來的。其中卜蓍之術，是歷經夏商周三代而通過「龜卜、蓍筮」得出卜(卦)辭的一種預測(吉凶成敗)術，之後歸納並結集成書，此即現傳之《易經》。經過春秋戰國至秦漢之際，受到當時諸子百家的影響、儒家的推崇，遂有《易傳》等的出現，原本是卜蓍術書的《易經》，被提升及解讀成有包涵「天地之道(理)」之學。因此，《易・繫辭傳》曰：「易與天地準，故能彌綸天地之道。」

漢代以後，易學中的陰陽學說，與五行、九宮、干支、氣運、災變、律曆、卦氣、讖緯、天人感應說等相結合，形成易學中象數系統。而其他原與《易經》本來沒有關係的術數，如占星、形法、選擇，亦漸漸以易理（象數學說）為依歸。《四庫全書・易類小序》云：「術數之興，多在秦漢以後。要其旨，不出乎陰陽五行，生尅制化。實皆《易》之支派，傅以雜說耳。」至此，術數可謂已由「術」發展成「學」。

及至宋代，術數理論與理學中的河圖洛書、太極圖、邵雍先天之學及皇極經世等學說給合，通過術數以演繹理學中「天地中有一太極，萬物中各有一太極」（《朱子語類》）的思想。術數理論不單已發展至十分成熟，而且也從其學理中衍生一些新的方法或理論，如《梅花易數》、《河洛理數》等。

在傳統上，術數功能往往不止於僅僅作為趨吉避凶的方術，及「能彌綸天地之道」的學問，亦有其「修心養性」的功能，「與道合一」（修道）的內涵。《素問・上古天真論》：「上古之人，其知道者，法於陰陽，和於術數。」數之意義，不單是外在的算數、歷數、氣數，而是與理學中同等的「道」、「理」——心性的功能，北宋理氣家邵雍對此多有發揮：「聖人之心，是亦數也」、「萬化萬事生乎心」、「心為太極」。《觀物外篇》：「先天之學，心法也。……蓋天地萬物之理，盡在其中矣，心一而不分，則能應萬物。」反過來說，宋代的術數理論，受到當時理學、佛道及宋易影響，認為心性本質上是等同天地之太極。天地萬物氣數規律，能通過內觀自心而有所感知，即是內心也已具備有術數的推演及預測、感知能力；相傳是邵雍所創之《梅花易數》，便是在這樣的背景下誕生。

《易・文言傳》已有「積善之家，必有餘慶；積不善之家，必有餘殃」之說，至漢代流行的災變說及讖緯說，我國數千年來都認為天災，異常天象（自然現象），皆與一國或一地的施政者失德有關；下至家族、個人之盛衰，也都與一族一人之德行修養有關。因此，我國術數中除了吉凶盛衰理數之外，人心的德行修養，也是趨吉避凶的一個關鍵因素。

術數與宗教、修道

在這種思想之下，我國術數不單只是附屬於巫術或宗教行為的方術，又往往已是一種宗教的修煉手段——通過術數，以知陰陽，乃至合陰陽（道）。「其知道者，法於陰陽，和於術數。」例如，「奇門遁甲」術中，即分為「術奇門」與「法奇門」兩大類。「法奇門」中有大量道教中符籙、手印、存想、內煉的內容，是道教內丹外法的一種重要外法修煉體系。甚至在雷法一系的修煉上，亦大量應用了術數內容。此外，相術、堪輿術中也有修煉望氣色的方法；堪輿家除了選擇陰陽宅之吉凶外，也有道教中選擇適合修道環境（法、財、侶、地中的地）的方法，以至通過堪輿術觀察天地山川陰陽之氣，亦成為領悟陰陽金丹大道的一途。

易學體系以外的術數與的少數民族的術數

我國術數中，也有不用或不全用易理作為其理論依據的，如楊雄的《太玄》、司馬光的《潛虛》。也有一些占卜法、雜術不屬於《易經》系統，不過對後世影響較少而已。

外來宗教及少數民族中也有不少雖受漢文化影響（如陰陽、五行、二十八宿等學說）但仍自成系統的術數，如古代的西夏、突厥、吐魯番等占卜及星占術，藏族中有多種藏傳佛教占卜術、苯教占卜術、擇吉術、推命術、相術等；北方少數民族有薩滿教占卜術；不少少數民族如水族、白族、布朗族、佤族、彝族、苗族等，皆有占雞（卦）草卜、雞蛋卜等術，納西族的占星術、占卜術，彝族畢摩的推命術、占卜術⋯等等，都是屬於《易經》體系以外的術數。相對上，外國傳入的術數以及其理論，對我國術數影響更大。

曆法、推步術與外來術數的影響

我國的術數與曆法的關係非常緊密。早期的術數中，很多是利用星宿或星宿組合的位置（如某星在某州或某宮某度）付予某種吉凶意義，并據之以推演，例如歲星（木星）、月將（某月太陽所躔之宮次）等。不過，由於不同的古代曆法推步的誤差及歲差的問題，若干年後，其術數所用之星辰的位置，已與真實星辰的位置不一樣了；此如歲星（木星），早期的曆法及術數以十二年為一周期（以應地支），與木星真實周期十一點八六年，每幾十年便錯一宮。後來術家又設一「太歲」的假想星體來解決，是歲星運行的相反，週期亦剛好是十二年。而術數中的神煞，很多即是根據太歲的位置而定。又如六壬術中的「月將」，原是立春節氣後太陽躔娵訾之次而稱作「登明亥將」，至宋代，因歲差的關係，要到雨水節氣後太陽才躔娵訾之次，當時沈括提出了修正，但明清時六壬術中「月將」仍然沿用宋代沈括修正的起法沒有再修正。

由於以真實星象周期的推步術是非常繁複，而且古代星象推步術本身亦有不少誤差，大多數術數除依曆書保留了太陽（節氣）、太陰（月相）的簡單宮次計算外，漸漸形成根據干支、日月等的各自起例，以起出其他具有不同含義的眾多假想星象及神煞系統。唐宋以後，我國絕大部份術數都主要沿用這一系統，也出現了不少完全脫離真實星象的術數，如《子平術》、《紫微斗數》、《鐵版神數》等。後來就連一些利用真實星辰位置的術數，如《七政四餘術》及選擇法中的《天星選擇》，也已與假想星象及神煞混合而使用了。

隨着古代外國曆（推步）、術數的傳入，如唐代傳入的印度曆法及術數，元代傳入的回回曆等，其中我國占星術便吸收了印度占星術中羅睺星、計都星等而形成四餘星，又通過阿拉伯占星術而吸收了其中來自希臘、巴比倫占星術的黃道十二宮、四元素學說（地、水、火、風），並與我國傳統的二十八宿、五行說、神煞系統並存而形成《七政四餘術》。此外，一些術數中的北斗星名，不用我國傳統的星名：天樞、天璿、天璣、天權、玉衡、開陽、搖光，而是使用來自印度梵文所譯的：貪狼、巨門、祿存、文曲、廉貞、武曲、破軍等，此明顯是受到唐代從印度傳入的曆法及占星術所影響。如星命術的《紫微斗數》及堪輿術的《撼龍經》等文獻中，其星皆用印度譯名。及至清初《時憲曆》，置潤之法則改用西法「定氣」。清代以後的術數，又作過不少的調整。

術數在古代社會及外國的影響

術數在古代社會中一直扮演着一個非常重要的角色，影響層面不單只是某一階層、某一職業、某一年齡的人，而是上自帝王，下至普通百姓，從出生到死亡，不論是生活上的小事如洗髮、出行等，大事如建房、入伙、出兵等，從個人、家族以至國家，從天文、氣象、地理到人事、軍事，從民俗、學術到宗教，都離不開術數的應用。如古代政府的中欽天監（司天監），除了負責天文、曆法、輿地之外，亦精通其他如星占、選擇、堪輿等術數，除在皇室人員及朝庭中應用外，也定期頒行日書、修定術數，使民間對於天文、日曆用事吉凶及使用其他術數時，有所依從。

在古代，我國的漢族術數，甚至影響遍及西夏、突厥、吐蕃、阿拉伯、印度、東南亞諸國、朝鮮、日本、越南等地，其中朝鮮、日本、越南等國，一至到了民國時期，仍然沿用着我國的多種術數。

術數研究

術數在我國古代社會雖然影響深遠，「是傳統中國理念中的一門科學，從傳統的陰陽、五行、九宮、八卦、河圖、洛書等觀念作大自然的研究。……傳統中國的天文學、數學、煉丹術等，要到上世紀中葉始受世界學者肯定。可是，術數還未受到應得的注意。術數在傳統中國科技史、思想史，文化史、社會史，甚至軍事史都有一定的影響。……更進一步了解術數，我們將更能了解中國歷史的全貌。」（何丙郁《術數、天文與醫學 中國科技史的新視野》，香港城市大學中國文化中心。）

可是術數至今一直不受正統學界所重視，加上術家藏秘自珍，又揚言天機不可洩漏，「（術數）乃吾國科學與哲學融貫而成一種學說，數千年來傳衍嬗變，或隱或現，全賴一二有心人為之繼續維繫，賴以不絕，其中確有學術上研究之價值，非徒癡人說夢，荒誕不經之謂也。其所以至今不能在科學中成立一種地位者，實有數困。蓋古代士大夫階級目醫卜星相為九流之學，多恥道之；而發明諸大師又故為惝怳迷離之辭，以待後人探索；間有一二賢者有所發明，亦秘莫如深，既恐洩天地之秘，複恐譏為旁門左道，始終不肯公開研究，成立一有系統說明之書籍，貽之後世。故居今日而欲研究此種學術，實一極困難之事。」（民國徐樂吾《子平真詮評註》，方重審序）

現存的術數古籍，除極少數是唐、宋、元的版本外，絕大多數是明、清兩代的版本。其內容也主要是明、清兩代流行的術數，唐宋以前的術數及其書籍，大部份均已失傳，只能從史料記載、出土文獻、敦煌遺書中稍窺一麟半爪。

術數版本

坊間術數古籍版本，大多是晚清書坊之翻刻本及民國書賈之重排本，其中豕亥魚魯，或而任意增删，往往文意全非，以至不能卒讀。現今不論是術數愛好者，還是民俗、史學、社會、文化、版本等學術研究者，要想得一常見術數書籍的善本、原版，已經非常困難，更遑論稿本、鈔本、孤本。在文獻不足及缺乏善本的情況下，要想對術數的源流、理法、及其影響，作全面深入的研究，幾不可能。

有見及此，本叢刊編校小組經多年努力及多方協助，在中國、韓國、日本等地區搜羅了一九四九年以前漢文為主的術數類善本、珍本、鈔本、孤本、稿本、批校本等千餘種，精選出其中最佳版本，以最新數碼技術清理、修復版面，更正明顯的錯訛，部份善本更以原色精印，務求更勝原本，以饗讀者。不過，限於編校小組的水平，版本選擇及考證、文字修正、提要內容等方面，恐有疏漏及舛誤之處，懇請方家不吝指正。

心一堂術數古籍珍本叢刊編校小組

二零零九年七月

奇門揭要

六十甲子分配三元（自甲子起五日為一元）

上元管二十日　（上元仲甲）甲子　乙丑　丙寅　丁卯　戊辰　（上元仲甲）甲午　乙未　丙申　丁酉　戊戌

己卯　庚辰　辛巳　壬午　癸未　己酉　庚戌　辛亥　壬子　癸丑

中元管二十日　（中元）己巳　庚午　辛未　壬申　癸酉　（中元）己亥　庚子　辛丑　壬寅　癸卯

（孟甲）甲申　乙酉　丙戌　丁亥　戊子　（孟甲）甲寅　乙卯　丙辰　丁巳　戊午

下元管二十日　（下元季甲）甲戌　乙亥　丙子　丁丑　戊寅　（下元季甲）甲辰　乙巳　丙午　丁未　戊申

己丑　庚寅　辛卯　壬辰　癸巳　己未　庚申　辛酉　壬戌　癸亥

三元　凡自甲至戊五數（甲乙丙丁戊）自己至癸五數（己庚辛壬癸）故五日為一元必逢甲己日換頭

也（故号甲己為符頭）十五日三元一轉

三甲　凡一歲十二月遇寅（正月孟春）申（七月孟秋）巳（四月孟夏）亥（十月孟冬）為四孟月　子（十一月仲冬）午（五月仲夏）卯（二月仲春）酉（八月仲秋）

為四仲月　辰（三月季春）戌（九月季秋）丑（十二月季冬）未（六月季夏）為四季月

八卦八節一氣統三圖

八節者冬至坎立春艮春分震立夏巽爲陽陽則自一至九順行夏至離立秋坤秋分兌立冬乾爲陰陰則自九至一逆行陰陽各九局從此起也一氣統三節者每卦一氣凡三節是也

巽四宮 立夏 小滿 芒種	離九宮 夏至 小暑 大暑	坤二宮 立秋 處暑 白露
震三宮 春分 清明 谷雨	中	兌七宮 秋分 寒露 霜降
艮八宮 立春 雨水 京直	坎一宮 冬至 小寒 大寒	乾六宮 立冬 小雪 大雪

地盤直符直使定法

即六甲　星神　九星　即八門

甲午 辛 四綠 巽 天輔 杜門	奇 乙 九紫 離 天英 景門	甲戌 己 二黑 坤 天芮 死門
甲申 庚 三碧 震 天沖 傷門	甲辰 五黃 中 天禽	奇 丁 七赤 兌 天柱 驚門
奇 丙 八白 艮 天任 生門	甲子 戊 一白 坎 天蓬 休門	甲寅 癸 六白 乾 天心 開門

此圖可參看下八門九星定例

歌自明

其八門從坎宮休門起順數（不論陰陽皆順）曰休生傷杜景死驚開以此等順行一定次序

其八門從一二三四六七八九宮分派曰休一死二傷三杜四開六驚七生八景九並從八門卦所屬如此也

八節二十四氣三元分配立局法

此地盤定法　地盤五黃寄坤宮

起数自一至九順行

陽九局

冬至　上元日一局　中元日七　下元日四　坎

小寒　上元日二局　中元日八　下元日五

大寒　上元日三局　中元日九　下元日六

冬至應坎其數一故上元起一局而小寒大寒之上元以二三爲次坎

立春　上八　中五　下二　元日局　艮

雨水　上九　中六　下三　元日局

驚蟄　上一　中七　下四　元日局

春分　上三　中九　下六　元日局　震

清明　上四　中一　下七　元日局

穀雨　上五　中二　下八　元日局

立夏　上四　中一　下七　元日局　巽

小滿　上五　中二　下八　元日局

芒種　上六　中三　下九　元日局

起数自九至一逆行

陰九局

夏至（上九中三下六元日局）離　立秋（上二中五下八元日局）坤　秋分（上七中一下四元日局）兌　立冬（上六中九下三元日局）乾

小暑（上八中二下五元日局）　處暑（上一中四下七元日局）　寒露（上六中九下三元日局）　小雪（上五中八下二元日局）

大暑（上七中一下四元日局）　白露（上九中三下六元日局）　霜降（上五中八下二元日局）　大雪（上四中七下一元日局）

地盤三元立局陽遁歌

冬至京直一七四　小寒二八五宮次　大寒春分三九六　立春八五二為局

雨水九六三為節　清明立夏四一七　谷雨小滿五二八　芒種六三九為法

地盤三元立局陰遁歌

夏至白露九三六　小暑八二五陰局　大暑秋分七一四　立秋二五八宮次

處暑一四七為主　霜降小雪五八二　寒露冬至六九三　大雪四七一可參

八門（屬八卦）九星（屬九宮）定例歌

（八門屬八卦故中五無門九星屬九宮中五為天禽地盤即寄于坤配八位○又云蓬芮沖輔禽屬陽英芮柱心四宿陰）

坎宮一位起蓬休　芮死還從坤二求　沖宿傷門三震位　杜門天輔巽四周

心開乾六禽星五　天柱驚門兌七求　生任艮八景英九　八門九星所輪流

坎（戊）天蓬 一白 休門

坤（己）天芮 二黑 死門

震（庚）天沖 三碧 傷門

巽（辛）天輔 四綠 杜門

中（壬）天禽 五黃 無門

乾（癸）天心 六白 開門

兌（丁）天柱 七赤 驚門

艮（丙）天任 八白 生門

離（乙）天英 九紫 景門

十天干分六儀三奇法

天干甲為至善之神庚為至惡之神所謂七煞星是也犯之大凶甲最畏庚故自遁而用三奇取其制伏庚也乙与庚合能柔伏之丙丁火克金能剛制又以所生六甲遁于六干之下故曰三奇六仪皆所護而制七杀者也

一曰甲 六十甲子之首曰六甲即甲子 甲申 甲午 甲辰 甲寅 是也。今以六甲為符首立其名曰六儀以戊己庚辛壬癸六干屬之六甲分屬戊己庚辛壬癸得七干矣尚餘乙丙丁三干即立其名曰三奇六仪三奇合九即以分屬九宮

次曰乙丙丁 即謂之三奇 因其能制伏庚金七杀故稱三奇

次曰戊己庚辛壬癸 即謂之六儀 分配六甲符首甲子之戊屬 甲戌之己屬 甲申之庚屬 甲午之辛屬 甲辰之壬屬 甲寅之癸屬 六甲伏于六干之下借以自衛如儀仗然故稱六儀

六儀 陽局由一二三四飛佈從順 陰局一九八七飛佈從逆

神名報勝 甲子戊　神名穹窿 甲戌己　神名監兵 甲申庚　神名陵光 甲午辛　神名含章 甲辰壬　神名猛章 甲寅癸

三奇 陽局跟六儀飛佈從逆曰丁丙乙 陰局跟六儀飛佈從順亦曰丁丙乙者 盖六儀由九八七六逆佈接 丁丙乙干佈時則逆照宮分按之則順也此是捷法

乙日奇 丙月奇 丁星奇 丁為玉女六丁 各有名字

佈六儀三奇捷法

其次序曰甲子戊 甲戌己 甲申庚 甲午辛 甲辰壬 甲寅癸 接曰丁丙乙 陽從一二三四順佈 陰從九八七六逆佈 其次序一定不必換即是一順六仪一逆三奇一逆六仪一順三奇也

陽局順佈六儀逆佈三奇 如一宮甲子戊 二宮甲戌己 三宮甲申庚 四宮甲午辛 五宮甲辰壬寄坤六宮甲寅癸 六儀佈迄接佈三奇從逆曰丁丙乙則七宮丁八宮丙九宮乙 其乙在九丙在八丁在七從宮分九八七數之即是逆也 六儀從一二三四之干宮是順 如陽陰局九宮六儀從九八七六五四佈去干宮分是逆尚餘三二一宮以丁丙乙佈去乙在一丙在二丁在三干宮分即是順也

地盤八門定局 其八門曰休生傷杜景死驚開無論陰陽局皆順行

陽一局 起坎一白宮 一二三四順佈六儀等 陰一局 亦起坎一白宮 一九八七逆佈六儀 陽九局 起九紫離宮 九一二三順佈 陰九局 亦起九紫離宮 九八七六逆佈

五局 無門故寄坤宮

以上陰陽局順逆飛佈法餘陰陽各九局可類推其八門定法不論陰陽列左

	休生傷杜景死驚門
一局 起坎一宮	坎艮震巽離坤兌乾
二局 起坤二宮	坤兌乾坎艮震巽離
三局 起震三宮	震巽離坤兌乾坎艮
四局 起巽四宮	巽離坤兌乾坎艮震
五局 起中五宮寄坤	
六局 起乾六宮	乾坎艮震巽離坤兌
七局 起兌七宮	兌乾坎艮震巽離坤
八局 起艮八宮	艮震巽離坤兌乾坎
九局 起離九宮	離坤兌乾坎艮震巽

九宮九星

一白水坎	天蓬星太乙	字子禽	貪狼招搖	休門日建章
二黑土坤	天芮星攝提	字子成	巨門玄戈	死門日審慎
三碧木震	天衝星軒轅	字子翹	祿存搖光	傷門高陽
四綠木巽	天輔星招搖	字子卿	文曲開陽	杜門耀武
五黃土中	天禽星天符	字子公	廉貞衡	借死門
六白金乾	天心星青龍	字子襄	武曲權	開門天啟
七赤金兌	天柱星咸池	字子甲	破軍璣	驚門武雷
八白土艮	天任星太陰	字子韋	左輔璇	生門仁德
九紫火離	天英星天乙	字子威	右弼樞	景門赤帝

地盤陽遁九局定法

冬至上元 清明中元 京直上元 立夏中元 俱陽一局

坎地盤陽順一局

甲午辛 天輔	天英乙日奇	天芮甲戌己 天禽甲辰壬
甲申庚 天沖		丁星奇 天柱
丙月奇 天任	甲子戊 天蓬 休門	甲寅癸 天心

天盤直符甲子符蓬甲戌符芮甲申符沖

人盤直使旬使休在一宮旬使死在二宮旬使傷在三宮

坤地盤陽順二局

甲申庚 天輔	丙月奇 天英	甲子戊 天芮 天禽甲午辛 休門
甲戌己 天沖		甲寅癸 天柱
丁星奇 天任	乙日奇 天蓬	甲辰壬 天心

震地盤陽順三局

甲戌己 天輔	丁日奇 天英	甲申庚 天禽 丁星奇
休 甲子戊 天沖		甲辰壬 天柱
甲寅癸 天任	丙月奇 天蓬	甲午辛 天心

巽 地盤陽順四局

甲子戊 天輔 休	甲寅癸 天英	甲戌己 天禽 丙月奇 天芮
乙日奇 天沖		甲午辛 天柱
甲辰壬 天任	丁星奇 天蓬	甲申庚 天心

中五寄坤 地盤陽順五局

乙日奇 天輔	甲辰壬 天英	甲子戊 天禽 丁星奇 天芮
丙月奇 天沖		甲申庚 天柱
甲午辛 天任	甲寅癸 天蓬	甲戌己 天心

乾 地盤陽順六局

丙月奇 天輔	甲午辛 天英	甲寅癸 天芮 乙日奇 天禽
丁星奇 天沖		甲戌己 天柱
甲申庚 天任	甲辰壬 天蓬	甲子戊 天心 休

兌 地盤陽順七局

丁星奇 天輔	甲申庚 天英	甲辰壬 天芮 丙月奇 天禽
甲寅癸 天沖		甲子戊 天柱 休
甲戌己 天任	甲午辛 天蓬	乙日奇 天心

艮 地盤陽順八局

甲寅癸 天輔	甲戌己 天英	甲午辛 天芮 丁星奇 天禽
甲辰壬 天沖		乙日奇 天柱
休 甲子戊 天任	甲申庚 天蓬	丙月奇 天心

離 地盤陽順九局

甲辰壬 天輔	甲子戊 天英 休	甲申庚 天芮 甲寅癸 天禽
甲午辛 天沖		丙月奇 天柱
乙日奇 天任	甲戌己 天蓬	丁星奇 天心

陰遁九局定法

地盤陰遁逆九局

天輔 甲寅癸	天英 甲子戊 地休白	天禽 甲辰壬 丙月奇 天芮
天沖 丁星奇		甲申庚 天柱
天任 甲戌己	天蓬 乙日奇	甲午辛 天心

地盤陰遁逆八局

天輔 甲辰壬	天英 乙日奇	天禽 甲午辛 丁星奇 天芮
天沖 甲寅癸		甲戌己 天柱
天任 甲子戊 休	天蓬 丙月奇	甲申庚 天心

地盤陰遁逆七局

天輔 甲午辛	天英 丙月奇	天禽 甲申庚 甲寅癸 天芮
天沖 甲辰壬		休 甲子戊 天柱
天任 乙日奇	天蓬 丁星奇	甲戌己 天心

地盤陰遁逆六局

天輔 甲申庚	天英 丁星奇	天禽 甲戌己 甲辰壬 天芮
天沖 甲午辛		乙日奇 天柱
天任 丙月奇	天蓬 甲寅癸	休 甲子戊 天心

地盤陰遁逆五局

天輔 甲戌己	天英 甲寅癸	天禽 甲子戊 甲午辛 天芮
天沖 甲申庚		丙月奇 天柱
天任 丁日奇	天蓬 甲辰壬	乙日奇 天心

地盤陰遁逆四局

天輔 甲子戊 休	天英 甲辰壬	天芮 甲申庚 乙日奇 天禽
天沖 甲戌己		丁星奇 天柱
天任 甲寅癸	天蓬 甲午辛	丙月奇 天心

地盤陰遁逆三局

乙日奇 天輔	甲午辛 天英	甲戌己 天芮 丙月奇 天禽
休 甲子戊 天沖		甲寅癸 天柱
甲辰壬 天任	甲申庚 天蓬	丁星奇 天心

地盤陰遁逆二局

丙月奇 天輔	甲申庚 天英	甲子戊 天芮 丁星奇 天禽 休
乙日奇 天沖		甲辰壬 天柱
甲午辛 天任	甲戌己 天蓬	甲寅癸 天心

地盤陰遁逆一局

丁星奇 天輔	甲戌己 天英	甲寅癸 天禽 乙日奇 天芮
丙月奇 天沖		甲午辛 天柱
甲申庚 天任	休 甲子戊 天蓬	甲辰壬 天心

以上地盤立法係占日為主（如首頁所排上元二十日中元二十日下元二十日先查占日以定所管）定上中下三元之後再查節炁立局（如上所排二十四氣分配立局之法即冬至上元日起一局中元日起七局下元日起四局是也○其查節氣有超神接氣折補置閏等法今立捷決只查日在某節定為某節）日在某元定為某元（如此五日是下元下元日期未盡即換節氣前幾日作前節下元後幾日作後節下元此五日是上元上元日已到未換節炁前幾日作前節上元後幾日作後節上元）其上下兩元日內節氣交換之時此五日中（入節時辰）照節炁折開將前幾日歸前節後幾日歸後節此即是折補秘法只此折補之法則超神接氣置閏之法不必分究矣且亦易于明白矣其五日在節氣中者即是正授故中元皆是正授

陽九局順飛陰九局逆佈（所飛佈者六儀三奇是也捷法在頁二可查八門在三頁亦可查○九局成法列前）

論直符天盤佈法

案地盤查日脚依節氣三元定陽遁幾局陰遁幾之後乃立天盤地盤陰陽各九局（共十八局）每局六十時天盤以時為主即每一局凡六十变矣

天盤以直符為用神直符以時干為起例

○直符者六甲旬頭之神即六儀（如甲子屬戊甲戌屬己甲申屬庚甲午屬辛甲辰屬壬甲寅屬癸）是也查時在甲子旬中即以戊為直符時在甲戌旬中即以己為直符其餘如在甲申旬中庚為直符甲午旬中辛為直符甲辰（寅）旬中壬（癸）為直符以直符加于地盤占時天干位上符（如地盤陽順陰逆六儀三奇所佈之宮除六甲旬頭甲子時即尋甲子甲戌尋甲戌甲申甲午甲辰甲寅各尋本時之外其餘六乙皆尋乙六丙尋丙六丁六戊六己六庚六辛六壬六癸亦各尋其時干所在之宮依順逆佈之）照陽局順陰局逆佈之」再查九宮主局（陰阳各九局）之星挨次同佈詳下節（此節所謂直符常隨時干轉是也）

○直符者以六儀為主（即時在某旬中以某仪為主也詳上節）又必合地盤九宮（地盤九星一定不易如一宮天蓬二天芮三天沖四天輔五天禽六天心七天柱八天任九天英是也陰阳九局皆不易位）所主之星（如一宮蓬星為主二宮芮星為主九宮英星八宮任星）為主挨次同佈（如用戊為直符陽一局陰一局戊在地盤一宮即以天蓬星與甲子戊同飛九局戊在九宮即以天英星與甲子戊同飛）此節即所謂九星飛泊為天盤是也

○以上六甲神合九星（上言六甲三奇亦在其中六儀三奇合為九故可配合九宮）飛佈為天盤尋旬頭直符所在之宮即是起

直符九神　直符九神陽遁之局用勾陳朱雀陰遁之局用白虎元武

（直符九神）直符螣蛇（神在六己）太陰（神在六丁）六合（神在六乙）勾陳（一作白虎）（神在六庚）朱雀（神在六丙）九地（神在六癸）九天（神在六甲）太常（神在六戊）

以上九神尋時旬頭所在之宮（即時干之宮）起陽局順行（照九宮飛佈）（順行如直符在乾螣蛇在坎太陰在艮六合在震勾陳在巽朱雀在離九地在坤九天在兌其餘挨行倣此按九神佈于八門則尚餘一神佈于何處合考俱照九宮跳佈）陰局逆行（逆行如直符在乾螣蛇在兌太陰在坤六合在離勾陳在巽朱雀在震九地在艮九天在坎其餘挨行倣此）此節即所謂以六甲之神為直符是也

論直使

人盤佈法

人盤以直使為用神直使為以時支為起例

直使者八卦八方坐門（即坎一休坤二死震三傷巽四杜乾六開兌七驚艮八生離九景）主局者（如一局休門直使二局死門直使三局傷門直使四局杜門直使五局寄坤借死門直使六局開門直使七局驚門直使八局生門直使九局景門直使）是也○既明九局各有坐門而每局六十時有六旬頭（即甲子戊甲戌己甲申庚甲午辛甲辰壬甲寅癸）則又依六旬頭（即六儀）以坐門為主挨次更換六門（如陽一局休門為主甲子旬係第一旬即起休門甲戌旬係第二旬即起死門甲申旬係第三旬即起傷門甲午旬係第四旬即起杜門甲辰旬係第五旬中寄坤借起死門甲寅第六旬起開門凡陽局順照此挨換

又如陰一局亦休門為主甲子第一旬即起休門（逆行一至九）甲戌第二旬即起景門、甲申第三旬即生門甲午第四旬即起驚門甲辰第五旬即起開門甲寅第六旬（在五寄坤）即借起死門。凡陰局逆即照此換換

○既以占時六旬頭從坐門挨次更換六門（每局止六十時六个旬頭故八門即換六門各餘二門也）則知某局（即陰陽十八局地盤是也）某旬（即甲子初旬甲戌二旬甲申三旬甲午四旬甲辰五旬甲寅六旬）直使屬某門（如陽一局初旬休門二旬死門順排陰一局初旬休門二旬景門逆排）即從旬頭地支（如乙丑時丙寅時丁卯時係甲子旬管即尋地盤甲子在何宮從子至丑第二位是至寅第三位是至卯第四位是陽順一二三四照宮輪去陰逆九八七六亦照宮輪去輪至本時支位上止即起直使每旬十時照旬頭支位輪去周覆始故第十時支位与第一時同位）或順或逆輪到本時支位上止即起直使所謂直使每與時支行是也

○其直使何門起何宮後八門次序都照休生傷杜景死驚開次序順行（不論陰陽）

再下面陰陽遁各九局圖中所填寫之門係死法不足憑須照圖後直使下所注之宮為是

陽遁一局

坤二宮 死門 天芮 甲戌己
(中)五宮 天禽 甲辰壬
離九宮 天英 景門 乙日奇
兌七宮 驚門 天柱 丁星奇
巽四宮 甲午辛 天輔 杜門
震三宮 甲申庚 天沖 傷門
乾六宮 開門 天心 甲寅癸
坎一宮 天蓬 休門 甲子戊
艮八宮 丙月奇 天任 生門

甲子甲午
己卯己酉
冬至上
京直上
乙己乙亥
甲申甲寅
清明中
立夏中

己上但舉甲己符頭
其餘乙庚丙辛丁壬
戊癸日亦在其中

六十時六甲挨輪直符

甲子旬 六儀戊屬甲子一局戊起一宮旬首子亦在一宮一宮天蓬星主之故甲子旬十時皆以蓬戊為直符子時照旬首所在起一宮下自乙至癸九時俱照時干所在起飛佈天盤九宮

坎一宮 甲子戊旬 天蓬 休門 一 戊 為直符使 乙丑 蓬戊 休門 九 二 丙寅 八 三 丁卯 七 四 戊辰 一 五 己巳 二 六 庚午 三 七 辛未 四 八 壬申 五中 九 癸酉 六 一

坤二 甲戌己旬 天芮 死門 己 為直符使 乙亥 芮己 死門 九 三 丙子 八 四 丁丑 七 五 戊寅 一 六 己卯 二 七 庚辰 三 八 辛巳 四 九 壬午 五中 一 癸未 六 二

震三 甲申庚旬 天沖 傷門 庚 為直符使 乙酉 沖庚 傷門 九 四 丙戌 八 五 丁亥 七 六 戊子 一 七 己丑 二 八 庚寅 三 九 辛卯 四 一 壬辰 五中 二 癸巳 六 三

巽四 甲午辛旬 天輔 杜門 辛 為直符使 乙未 輔辛 杜門 九 五 丙申 八 六 丁酉 七 七 戊戌 一 八 己亥 二 九 庚子 三 一 辛丑 四 二 壬寅 五中 三 癸卯 六 四

中五寄坤 甲辰壬旬 天禽 死門 壬 為直符使 乙巳 禽壬 死門 九 六 丙午 八 七 丁未 七 八 戊申 一 九 己酉 二 一 庚戌 三 二 辛亥 四 三 壬子 五中 四 癸丑 六 五

乾六 甲寅癸旬 天心 開門 癸 為直符使 乙卯 心癸 開門 九 七 丙辰 八 八 丁巳 七 九 戊午 一 一 己未 二 二 庚申 三 三 辛酉 四 四 壬戌 五中 五中 癸亥 六 六

甲子甲午己卯己酉日 小寒上
甲辰甲戌乙丑乙未日 立春下
乙亥己巳甲申甲寅日 穀雨中
小滿中

陽遁㊁局

坤二宮 天芮 休門 甲子戊 ／ 中五宮 天禽 甲午辛
兌七宮 天柱 生門 甲寅癸
乾六宮 天心 傷門 甲辰壬
離九宮 天英 丙月奇 開門
坎一宮 天蓬 乙日奇 杜門
巽四宮 天輔 甲申庚 驚門
震三宮 天沖 甲戌己 死門
艮八宮 天任 丁星奇 景門

甲子旬在坤二宮 ㊌ 天芮死門 直符直使 乙丑天芮戊死門在一宮三宮 丙寅九四 丁卯八五 戊辰二六 己巳三七 庚午四八 辛未五九 壬申六一 癸酉七二

甲戌旬在震三宮 ㊁ 天沖傷門 直符直使 乙亥天沖己傷門在一宮四宮 丙子九五 丁丑八六 戊寅二七 己卯三八 庚辰四九 辛巳五一 壬午六二 癸未七三

甲申旬在巽四宮 ㊋ 天輔杜門 直符直使 乙酉天輔庚杜門在一宮五 丙戌九六 丁亥八七 戊子二八 己丑三九 庚寅四一 辛卯五二 壬辰六三 癸巳七四

甲午旬在中五宮 ㊎ 天禽借死門 直符直使 乙未天禽辛死門在一宮六宮 丙申九七 丁酉八八 戊戌二九 己亥三一 庚子四二 辛丑五三 壬寅六四 癸卯七五

甲辰旬在乾六宮 ㊏ 天心開門 直符直使 乙巳天心壬開門在一宮七宮 丙午九八 丁未八九 戊申二一 己酉三二 庚戌四三 辛亥五四 壬子六五 癸丑七六

甲寅旬在兌七宮 ㊑ 天柱驚門 直符直使 乙卯天柱癸驚門在一宮八宮 丙辰九九 丁巳八一 戊午二二 己未三三 庚申四四 辛酉五五 壬戌六六 癸亥七七

甲子甲午日 己卯己酉日 大寒上 春分上

己丑己未 甲戌甲辰日 雨水下 芒種下

陽遁㊂局

甲戌己 巽四宮 天輔 生門	離九宮 天英 丁日奇 傷門	杜門 坤二宮 天芮 乙日奇 五天禽 甲申庚
甲子戊 ㊋震宮二 天沖 休門		景門 兌七宮 天柱 甲辰壬
甲寅癸 艮八宮 天任 開門	天蓬 坎一宮 丙月奇 驚門	死門 乾六宮 天心 甲午辛

遁三宮挨輪

甲子旬㊀戊在震三宮	天衝 傷門 直符直使	乙丑 衝二宮 傷四宮	丙寅 一 五	丁卯 九 六	戊辰 三 七	己巳 四 八	庚午 五 九	辛未 六 一	壬申 七 二	癸酉 八 三
甲戌旬㊀己在巽四宮	天輔 杜門 直符直使	乙亥 輔二宮 杜五宮	丙子 一 六	丁丑 九 七	戊寅 三 八	己卯 四 九	庚辰 五 一	辛巳 六 二	壬午 七 三	癸未 八 四
甲申旬㊀庚在中五宮	天禽 借死門 直符直使	乙酉 禽二宮 死六宮	丙戌 一 七	丁亥 九 八	戊子 三 九	己丑 四 一	庚寅 五 二	辛卯 六 三	壬辰 七 四	癸巳 八 五
甲午旬㊀辛在乾六宮	天心 開門 直符直使	乙未 心二宮 開七宮	丙申 一 八	丁酉 九 九	戊戌 三 一	己亥 四 二	庚子 五 三	辛丑 六 四	壬寅 七 五	癸卯 八 六
甲辰旬㊀壬在兌七宮	天柱 驚門 直符直使	乙巳 柱二宮 驚八宮	丙午 一 九	丁未 九 一	戊申 三 二	己酉 四 三	庚戌 五 四	辛亥 六 五	壬子 七 六	癸丑 八 七
甲寅旬㊀癸在艮八宮	天任 生門 直符直使	乙卯 任二宮 生九宮	丙辰 一 一	丁巳 九 二	戊午 三 三	己未 四 四	庚申 五 五	辛酉 六 六	壬戌 七 七	癸亥 八 八

甲戌甲辰 己丑己未 冬至下 驚蟄下
甲子甲午 己卯己酉 清明上 立夏上

陽遁四局

坤二宮天芮 傷門 丙月奇 五天禽 甲戌己
兌七宮天柱 杜門 甲午辛
乾六宮天心 景門 甲申庚
離九宮 天英 甲寅癸 生門
坎一宮 天蓬 丁星奇 死門
巽四宮天輔 甲子戊 休門
震三宮天沖 乙日奇 開門
艮八宮天任 甲辰壬 驚門

甲子時	戊在天輔 四宮杜門	直符使	乙丑 輔三 杜五 借二	丙寅 二 六	丁卯 一 七	戊辰 四 八	己巳 五 九	庚午 六 一	辛未 七 二	壬申 八 三	癸酉 九 四
甲戌時	己在天禽 五寄坤借死門	直符使	乙亥 禽三 死六	丙子 二 七	丁丑 一 八	戊寅 四 九	己卯 五 一	庚辰 六 二	辛巳 七 三	壬午 八 四	癸未 九 五
甲申時	庚在天心 六宮開門	直符使	乙酉 心三 開七	丙戌 二 八	丁亥 一 九	戊子 四 一	己丑 五 二	庚寅 六 三	辛卯 七 四	壬辰 八 五	癸巳 九 六
甲午時	辛在天柱 七宮驚門	直符使	乙未 柱三 驚八	丙申 二 九	丁酉 一 一	戊戌 四 二	己亥 五 三	庚子 六 四	辛丑 七 五	壬寅 八 六	癸卯 九 七
甲辰時	壬在天任 八宮生門	直符使	乙巳 任三 生九	丙午 二 一	丁未 一 二	戊申 四 三	己酉 五 四	庚戌 六 五	辛亥 七 六	壬子 八 七	癸丑 九 八
甲寅時	癸在天英 九宮景門	直符使	乙卯 英三 景一	丙辰 二 二	丁巳 一 三	戊午 四 四	己未 五 五	庚申 六 六	辛酉 七 七	壬戌 八 八	癸亥 九 九

甲戌甲辰 己巳乙未 小寒下
甲申甲寅 己巳乙亥 立春中
甲子甲午 己卯己酉 穀雨上
小滿上

陽遁五局

巽四 乙日奇 天輔 驚門	離九 天英 甲辰壬 開門	借 坤二 休門 天芮 丁星奇 甲子戊 天禽
震三 丙月奇 天沖 死門		兌七 生門 天柱 甲申庚
艮八 甲午辛 天任 景門	坎一 天蓬 甲寅癸 杜門	乾六 傷門 天心 甲戌己

甲子	甲戌	甲申	甲午	甲辰	甲寅
戊 五宮 死門 禽星	己 六宮 開門 心星	庚 七宮 驚門 柱星	辛 八宮 生門 任星	壬 九宮 景門 英星	癸 一宮 休門 蓬星
直符 直使 五宮	直符 直使 六宮	直符 直使 七宮	直符 直使 八宮	直符 直使 九宮	直符 直使 一宮
乙丑 四	乙亥 四	乙酉 四	乙未 四	乙巳 四	乙卯 四
丙寅 七 三	丙子 八 三	丙戌 九 三	丙申 一 三	丙午 二 三	丙辰 三 三
丁卯 八 二	丁丑 九 二	丁亥 一 二	丁酉 二 二	丁未 三 二	丁巳 四 二
戊辰 九 五	戊寅 一 五	戊子 二 五	戊戌 三 五	戊申 四 五	戊午 二 五
己巳 一 六	己卯 二 六	己丑 三 六	己亥 四 六	己酉 借二 六	己未 六 六
庚午 二 七	庚辰 三 七	庚寅 四 七	庚子 借二五 七	庚戌 六 七	庚申 七 七
辛未 三 八	辛巳 四 八	辛卯 借二五 八	辛丑 六 八	辛亥 七 八	辛酉 八 八
壬申 四 九	壬午 借二五 九	壬辰 六 九	壬寅 七 九	壬子 八 九	壬戌 九 九
癸酉 借二 一	癸未 六 一	癸巳 七 一	癸卯 八 一	癸丑 九 一	癸亥 一 一

甲辰甲戌
己丑己未
大寒下
春分下
己巳己亥
甲申甲寅
雨水中
甲子甲午
己卯己酉
芒種上

陽遁六局

巽四天輔 丙月奇 景門	離九天英 甲午辛 死門	坤二天芮 甲寅癸 驚門 中五天禽 乙日奇
震三天沖 丁星奇 杜門		兌七天柱 甲戌己 開門
艮八天任 甲申庚 傷門	坎一天蓬 甲辰壬 生門	乾六天心 甲子戊 休門

甲子戊 天心 六宮開門 直符直使	乙丑 五七	丙寅 四八	丁卯 三九	戊辰 六一	己巳 七二	庚午 八三	辛未 九四	壬申 一作五二	癸酉 二六
甲戌己 天柱 七宮驚門 直符直使	乙亥 五八	丙子 四九	丁丑 三一	戊寅 六二	己卯 七三	庚辰 八四	辛巳 九作五二	壬午 一六	癸未 二七
甲申庚 天任 八宮生門 直符直使	乙酉 五九	丙戌 四一	丁亥 三二	戊子 六三	己丑 七四	庚寅 八作五二	辛卯 九六	壬辰 一七	癸巳 二八
甲午辛 天英 九宮景門 直符直使	乙未 五一	丙申 四二	丁酉 三三	戊戌 六四	己亥 七借五二	庚子 八六	辛丑 九七	壬寅 一八	癸卯 二九
甲辰壬 天蓬 一宮休門 直符直使	乙巳 五二	丙午 四三	丁未 三四	戊申 六借五二	己酉 七六	庚戌 八七	辛亥 九八	壬子 一九	癸丑 二一
甲寅癸 天芮 二宮死門 直符直使	乙卯 五三	丙辰 四四	丁巳 三五借二	戊午 六六	己未 七七	庚申 八八	辛酉 九九	壬戌 一一	癸亥 二二

冬至中　驚蟄中　清明下　立夏下

陽遁⑦局

巽四 天輔 丁星奇 死門	離九 天英 甲申庚 驚門	坤二 天芮 甲辰壬 五天禽 丙月奇 開門
震三 天沖 甲寅癸 景門		兌七 天柱 甲子戊 休門
艮八 天任 甲戌己 杜門	坎一 天蓬 甲午辛 傷門	乾六 天心 乙日奇 生門

甲子 戊 七宮 天柱 驚門 直符 直使	甲戌 己 八宮 天任 生門 直符 直使	甲申 庚 九宮 天英 景門 直符 直使	甲午 辛 一宮 天蓬 休門 直符 直使	甲辰 壬 二宮 天芮 死門 直符 直使	甲寅 癸 三宮 天沖 傷門 直符 直使
乙丑 六 八	乙亥 六 九	乙酉 六 一	乙未 六 二	乙巳 六 三	乙卯 六 四
丙寅 五 九	丙子 五 一	丙戌 五 二	丙申 五 三	丙午 五 四	丙辰 五 借二
丁卯 四 一	丁丑 四 二	丁亥 四 三	丁酉 四 四	丁未 四 借五二	丁巳 四 六
戊辰 七 二	戊寅 七 三	戊子 七 四	戊戌 七 借五二	戊申 七 六	戊午 七 七
己巳 八 三	己卯 八 四	己丑 八 五	己亥 八 六	己酉 八 七	己未 八 八
庚午 九 四	庚辰 九 借五二	庚寅 九 六	庚子 九 七	庚戌 九 八	庚申 九 九
辛未 一 借五二	辛巳 一 六	辛卯 一 七	辛丑 一 八	辛亥 一 九	辛酉 一 一
壬申 二 六	壬午 二 七	壬辰 二 八	壬寅 二 九	壬子 二 一	壬戌 二 二
癸酉 三 七	癸未 三 八	癸巳 三 九	癸卯 三 一	癸丑 三 二	癸亥 三 三

小寒中
立春上
穀雨下
小滿下

陽遁八局

巽 四 天輔 甲寅癸 傷門	離 九 天英 甲戌己 杜門	坤 二 天芮 景門 甲午辛 五天禽 丁星奇
震 四 天沖 甲辰壬 生門		兌 七 天柱 死門 乙日奇
艮 八 天任 甲子戊 休門	坎 一 天蓬 甲申庚 開門	乾 六 天心 驚門 丙月奇

甲午時辛芮
辛未　辛丑
辛巳　辛亥
辛卯　辛酉

甲戌時己英　己亥時辛芮
己卯 己英　己酉 壬沖
己巳 戊柱　己未 癸輔
己丑 庚蓬

甲子戊 天任 八宮生門 直符直使	甲戌己 天英 九宮景門 直符直使	甲申庚 天蓬 一宮休門 直符直使	甲午辛 天芮 二宮死門 直符直使	甲辰壬 天沖 三宮傷門 直符直使	甲寅癸 天輔 四宮杜門 直符直使
乙丑 七九	乙亥 七一	乙酉 七二	乙未 七三	乙巳 七四	乙卯 七借二
丙寅 六一	丙子 六二	丙戌 六三	丙申 六四	丙午 六借二	丙辰 六六
丁卯 五二	丁丑 五三	丁亥 五四	丁酉 五借二	丁未 五六	丁巳 五七
戊辰 八三	戊寅 八四	戊子 八借二	戊戌 八六	戊申 八七	戊午 八八
己巳 九四	己卯 九借三	己丑 九六	己亥 九七	己酉 九八	己未 九九
庚午 一二五	庚辰 一六	庚寅 一七	庚子 一八	庚戌 一九	庚申 一一
辛未 二六	辛巳 二七	辛卯 二八	辛丑 二九	辛亥 二一	辛酉 二二
壬申 三七	壬午 三八	壬辰 三九	壬寅 三一	壬子 三二	壬戌 三三
癸酉 四八	癸未 四九	癸巳 四一	癸卯 四二	癸丑 四三	癸亥 四四

大寒中
春分中
雨水上
芒種下

陽遁九局

坤二 生門 天芮 甲申庚 五天禽 甲寅癸

兌七 傷門 天柱 丙月奇

乾六 杜門 天心 丁星奇

離九 天英 甲子戊 休門

坎一 天蓬 甲戌己 景門

巽四 天輔 甲辰壬 開門

震三 天沖 甲午辛 驚門

艮八 天任 乙日奇 死門

甲子	甲戌	甲申	甲午	甲辰	甲寅
戊 九宮 天英 景門 直符 直使	己 一宮 天蓬 休門 直符 直使	庚 二宮 天芮 死門 直符 直使	辛 三宮 天沖 傷門 直符 直使	壬 四宮 天輔 杜門 直符 直使	癸 五宮借死門 天禽 直符 直使
乙丑 八 一	乙亥 八 二	乙酉 八 三	乙未 八 四	乙巳 八五 借二	乙卯 八 六
丙寅 七 二	丙子 七 三	丙戌 七 四	丙申 七 五借二	丙午 七 六	丙辰 七 七
丁卯 六 三	丁丑 六 四	丁亥 六 五借二	丁酉 六 六	丁未 六 七	丁巳 六 八
戊辰 九 四	戊寅 九 五	戊子 九 六	戊戌 九 七	戊申 九 八	戊午 九 九
己巳 一 五借二	己卯 一 六	己丑 一 七	己亥 一 八	己酉 一 九	己未 一 一
庚午 二 六	庚辰 二 七	庚寅 二 八	庚子 二 九	庚戌 二 一	庚申 二 二
辛未 三 七	辛巳 三 八	辛卯 三 九	辛丑 三 一	辛亥 三 二	辛酉 三 三
壬申 四 八	壬午 四 九	壬辰 四 一	壬寅 四 二	壬子 四 三	壬戌 四 四
癸酉 五 九	癸未 五 一	癸巳 五 二	癸卯 五 三	癸丑 五 四	癸亥 五 借二

陰陽各局六十時天人盤變法捷訣

一局 星天蓬 門休門

陽順		陰逆
一宮休門	六戊甲子時同	—
戊蓬 二芮己	六己甲戌時同	九
三沖庚	六庚甲申時同	八
四輔辛	六辛甲午時同	七
五禽壬	六壬甲辰時同	六
六心癸	六癸甲寅時同	五
七	六丁	四
八	六丙	三
九	六乙	二

二局 星天芮 門死門

陽順		陰逆
—	六戊甲子時同	—
戊芮 三沖己	六己甲戌	一
四輔	六庚甲申	九
五禽	六辛甲午	八
六心	六壬甲辰	七
七柱	六癸甲寅	六
八	六丁	五
九	六丙	四
一	六乙	三

三局 星天沖 門傷門

陽順		陰逆
—	六戊時甲子時同	—
沖四	六己時甲戌時同	二
五	六庚甲申時同	一
六	六辛甲午時同	九
七	六壬甲辰時同	八
八	六癸甲寅時同	七
九	六丁	六
一	六丙	五
二	六乙	四

四局

陽順		陰逆
—	六戊時	—
五	六己	三
六	六庚	二
七	六辛	一
八	六壬	九
九	六癸	八
一	六丁	七
二	六丙	六
三	六乙	五

五局

星天禽 門

	陽順	陰逆
六戊		
六己	六	四
六庚	七	三
六辛	八	二
六壬	九	一
六癸	一	九
六丁	二	八
六丙	三	七
六乙	四	六

六局

星天心 門開門

	陽順	陰逆
六戊時		
六己時 甲戌時	七	五
六庚時 甲申時	八	四
六辛時 甲午時	九	三
六壬時 甲辰時	一	二
六癸時 甲寅時	二	一
六丁時	三	九
六丙時	四	八
六乙時	五	七

七局

星天柱 門驚門

	陽順	陰逆
六戊時		
六己時	八	六
六庚時	九	五
六辛時	一	四
六壬時	二	三
六癸時	三	二
六丁時	四	一
六丙時	五	九
六乙時	六	八

八局

星天任 門生門

	陽順	陰逆
六戊時		
六己時	九	七
六庚時	一	六
六辛時	二	五
六壬時	三	四
六癸時	四	三
六丁時	五	二
六丙時	六	一
六乙時	七	九

九局

星天英 門景門

	陽順	陰逆
六戊時 甲子時同		
六己時 甲戌時同	一宮	八宮
六庚時 甲申時同	二宮	七宮
六辛時 甲午時同	三宮	六宮
六壬時 甲辰時同	四宮	五宮
六癸時 甲寅時同	五宮	四宮
六丁時	六宮	三宮
六丙時	七宮	二宮
六乙時	八宮	一宮

陰遁九局

夏至下　白露上　寒露中　立冬中　局

坤二　生門　天芮　丙月奇　中天禽　甲辰壬

兌七　傷門　天柱　甲申庚

乾六　杜門　天心　甲午辛

離九　天英　甲子戊　休門

坎一　天蓬　乙日奇　景門

巽四　天輔　甲寅癸　死門

震三　天沖　丁星奇　驚門

艮八　天任　甲戌己　死門

甲子　戊　九宮景門　天英　直符　直使	乙丑　八一	丙寅　七二	丁卯　六三	戊辰　借二九	甲戌　己巳　四八	甲申　庚午　三七	甲午　辛未　二六	甲辰　壬申　一五	甲寅　癸酉　九四
甲戌　己　八宮生門　天任　直符　直使	乙亥　七一	丙子　六二	丁丑　借二三	戊寅　四九	己卯　三八	庚辰　二七	辛巳　一六	壬午　九五	癸未　八四
甲申　庚　七宮驚門　天柱　直符　直使	乙酉　六一	丙戌　借二二	丁亥　四三	戊子　三九	己丑　二八	庚寅　一七	辛卯　九六	壬辰　八五	癸巳　七四
甲午　辛　六宮開門　天心　直符　直使	乙未　借二一	丙申　四二	丁酉　三三	戊戌　二九	己亥　一八	庚子　九七	辛丑　八六	壬寅　七五	癸卯　六四
甲辰　壬　五宮借死門　天禽　直符　直使	乙巳　四一	丙午　三二	丁未　二三	戊申　一九	己酉　九八	庚戌　八七	辛亥　七六	壬子　六五	癸丑　借二五四
甲寅　癸　四宮杜門　天輔　直符　直使	乙卯　三一	丙辰　二二	丁巳　一三	戊午　九九	己未　八八	庚申　七七	辛酉　六六	壬戌　借二五	癸亥　四四

小暑上　立秋下　霜降中　小雪中

陰遁八局

巽四 甲辰壬 天輔 傷	離九 天英 乙日奇 杜門	坤二 景門 天芮 丁星奇 中天禽 甲午辛
震三 甲寅癸 天沖		兌七 死門 天柱 甲戌己
艮八 甲子戊 天任 休門	坎一 天蓬 丙月奇 開門	乾六 驚門 天心 甲申庚

甲子 戊 八宮生門 天任 直符直使	乙丑 九七	丙寅 一六	丁卯 二五	戊辰 八四	己巳 七三	庚午 六二	辛未 五一	壬申 四九	癸酉 三八
甲戌 乙 七宮驚門 天柱 直符直使	乙亥 九六	丙子 一五	丁丑 二四	戊寅 八三	己卯 七二	庚辰 六一	辛巳 五九	壬午 四八	癸未 三七
甲申 庚 六宮開門 天心 直符直使	乙酉 九五	丙戌 一四	丁亥 二三	戊子 八二	己丑 七一	庚寅 六九	辛卯 五八	壬辰 四七	癸巳 三六
甲午 辛 五宮借死門 天禽 直符直使	乙未 九四	丙申 一三	丁酉 二二	戊戌 八一	己亥 七九	庚子 六八	辛丑 五七	壬寅 四六	癸卯 三五
甲辰 壬 四宮杜門 天輔 直符直使	乙巳 九三	丙午 一二	丁未 二一	戊申 八九	己酉 七八	庚戌 六七	辛亥 五六	壬子 四五	癸丑 三四
甲寅 癸 三宮傷門 天沖 直符直使	乙卯 九二	丙辰 一一	丁巳 二九	戊午 八八	己未 七七	庚申 六六	辛酉 五五	壬戌 四四	癸亥 三三

大暑上
秋分上
處暑下
大雪中

陰遁㊆局

巽四 天輔 甲午辛 死門	离九 天英 丙月奇 驚門	坤二 天芮 甲寅癸 中天禽 甲申庚 開門
震三 天沖 甲辰壬 景門		㊇七 天柱 甲子戊 休門
艮八 天任 乙日奇 杜門	坎一 天蓬 丁星奇 傷門	乾六 天心 甲戌己 生門

甲子戊 天柱直符 七宮驚門直使	乙丑 八六	丙寅 九五	丁卯 一四	戊辰 七三	己巳 六二	庚午 五一	辛未 四九	壬申 三八	癸酉 二七
甲戌己 天心直符 六宮開門直使	乙亥 八五	丙子 九四	丁丑 一三	戊寅 七二	己卯 六一	庚辰 五九	辛巳 四八	壬午 三七	癸未 二六
甲申庚 天禽直符 五宮借死門直使	乙酉 八四	丙戌 九三	丁亥 一二	戊子 七一	己丑 六九	庚寅 五八	辛卯 四七	壬辰 三六	癸巳 二五
甲午辛 天輔直符 四宮杜門直使	乙未 八三	丙申 九二	丁酉 一一	戊戌 七九	己亥 六八	庚子 五七	辛丑 四六	壬寅 三五	癸卯 二四
甲辰壬 天沖直符 三宮傷門直使	乙巳 八二	丙午 九一	丁未 一九	戊申 七八	己酉 六七	庚戌 五六	辛亥 四五	壬子 三四	癸丑 二三
甲寅癸 天芮直符 二宮死門直使	乙卯 八一	丙辰 九九	丁巳 一八	戊午 七七	己未 六六	庚申 五五	辛酉 四四	壬戌 三三	癸亥 二二

夏至下
白露下
寒露上
立冬上

陰遁六局

- 坤二 天芮 驚門 甲辰壬 中天禽 甲戌己
- 離九 天英 丁星奇 死門
- 巽四 天輔 甲申庚 景門
- 兌七 天柱 開門 乙日奇
- 震三 天沖 甲午辛 杜門
- 乾六 天心 休門 甲子戊
- 坎一 天蓬 甲寅癸 生門
- 艮八 天任 丙月奇 傷門

甲子 戊 六宮開門 天心 直符 直使	乙丑 七五	丙寅 八四	丁卯 九三	戊辰 六二	己巳 五一	庚午 四九	辛未 三八	壬申 二七	癸酉 一六
甲戌 己 五宮借死門 天禽 直符 直使	乙亥 七四	丙子 八三	丁丑 九二	戊寅 六一	己卯 五九	庚辰 四八	辛巳 三七	壬午 二六	癸未 一五
甲申 庚 四宮杜門 天輔 直符 直使	乙酉 七三	丙戌 八二	丁亥 九一	戊子 六九	己丑 五八	庚寅 四七	辛卯 三六	壬辰 二五	癸巳 一四
甲午 辛 三宮傷門 天沖 直符 直使	乙未 七二	丙申 八一	丁酉 九九	戊戌 六八	己亥 五七	庚子 四六	辛丑 三五	壬寅 二四	癸卯 一三
甲辰 壬 二宮死門 天芮 直符 直使	乙巳 七一	丙午 八九	丁未 九八	戊申 六七	己酉 五六	庚戌 四五	辛亥 三四	壬子 二三	癸丑 一二
甲寅 癸 一宮休門 天蓬 直符 直使	乙卯 七九	丙辰 八八	丁巳 九七	戊午 六六	己未 五五	庚申 四四	辛酉 三三	壬戌 二二	癸亥 一一

小暑下　立秋中　霜降上　小雪上

陰遁㊄局

巽四 天輔 甲戌己 驚門	離九 天英 甲寅癸 開門	坤二 天芮 休門 甲午辛 中天禽 甲子戊
震三 天沖 甲申庚 死門		兌七 天柱 生門 丙月奇
艮八 天任 丁星奇 景門	坎一 天蓬 甲辰壬 杜門	乾六 天心 傷門 乙日奇

甲子	甲戌	甲申	甲午	甲辰	甲寅
戊 五宮借死門 天禽	己 四宮杜門 天輔	庚 三宮傷門 天沖	辛 二宮死門 天芮	壬 一宮休門 天蓬	癸 九宮景門 天英
直符 直使	直符 直使	直符 直使	直符 直使	直符 直使	直符 直使
乙丑 四 六	乙亥 三 六	乙酉 二 六	乙未 一 六	乙巳 九 六	乙卯 八 六
丙寅 三 七	丙子 二 七	丙戌 一 七	丙申 九 七	丙午 八 七	丙辰 七 七
丁卯 二 八	丁丑 一 八	丁亥 九 八	丁酉 八 八	丁未 七 八	丁巳 六 八
戊辰 一 五	戊寅 九 五	戊子 八 五	戊戌 七 五	戊申 六 五	戊午 五 五
己巳 九 四	己卯 八 四	己丑 七 四	己亥 六 四	己酉 五 四	己未 四 四
庚午 八 三	庚辰 七 三	庚寅 六 三	庚子 五 三	庚戌 四 三	庚申 三 三
辛未 七 二	辛巳 六 二	辛卯 五 二	辛丑 四 二	辛亥 三 二	辛酉 二 二
壬申 六 一	壬午 五 一	壬辰 四 一	壬寅 三 一	壬子 二 一	壬戌 一 一
癸酉 五 九	癸未 四 九	癸巳 三 九	癸卯 二 九	癸丑 一 九	癸亥 九 九

大暑下 秋分下
處暑中
大雪上

陰遁四局

巽四 甲子戊 天輔 休門	離九 甲辰壬 天英 生門	坤二 甲申庚 天芮 傷門 五天禽 乙日奇
震三 甲戌乙 天沖 開門		兌七 天柱 杜門 丁星奇
艮八 甲寅癸 天任 驚門	坎一 甲午辛 天蓬 死門	乾六 天心 景門 丙月奇

甲子	甲戌	甲申	甲午	甲辰	甲寅
戊 天輔直符 四宮杜門直使	乙 天沖直符 三宮傷門直使	庚 天芮直符 二宮死門直使	辛 天蓬直符 一宮休門直使	壬 天英直符 九宮景門直使	癸 天任直符 八宮生門直使
乙丑 三 五	乙亥 二 五	乙酉 一 五	乙未 九 五	乙巳 八 五	乙卯 七 五
丙寅 二 六	丙子 一 六	丙戌 九 六	丙申 八 六	丙午 七 六	丙辰 六 六
丁卯 一 七	丁丑 九 七	丁亥 八 七	丁酉 七 七	丁未 六 七	丁巳 五 七
戊辰 九 四	戊寅 八 四	戊子 七 四	戊戌 六 四	戊申 五 四	戊午 四 四
己巳 八 三	己卯 七 三	己丑 六 三	己亥 五 三	己酉 四 三	己未 三 三
庚午 七 二	庚辰 六 二	庚寅 五 二	庚子 四 二	庚戌 三 二	庚申 二 二
辛未 六 一	辛巳 五 一	辛卯 四 一	辛丑 三 一	辛亥 二 一	辛酉 一 一
壬申 五 九	壬午 四 九	壬辰 三 九	壬寅 二 九	壬子 一 九	壬戌 九 九
癸酉 四 八	癸未 三 八	癸巳 二 八	癸卯 一 八	癸丑 九 八	癸亥 八 八

夏至中　白露中　寒露下　立冬下

陰遁三局

巽 四 天輔 乙日奇	離 九 天英 甲午辛 傷門	坤 二 天芮 杜門 甲戌己 中天禽 丙月奇
震 三 天沖 甲子戊 休門		兌 七 天柱 景門 甲寅癸
艮 八 天任 甲辰壬	坎 一 天蓬 甲申庚 驚門	乾 六 天心 死門 丁星奇

甲子 戊 天沖 三宮傷門 直符 直使	乙丑 四 二	丙寅 五 一	丁卯 六 九	戊辰 三 八	己巳 二 七	庚午 一 六	辛未 九 五	壬申 八 四	癸酉 七 三
甲戌 己 天芮 二宮死門 直符 直使	乙亥 四 一	丙子 五 九	丁丑 六 八	戊寅 三 七	己卯 二 六	庚辰 一 五	辛巳 九 四	壬午 八 三	癸未 七 二
甲申 庚 天蓬 一宮休門 直符 直使	乙酉 四 九	丙戌 五 八	丁亥 六 七	戊子 三 六	己丑 二 五	庚寅 一 四	辛卯 九 三	壬辰 八 二	癸巳 七 一
甲午 辛 天英 九宮景門 直符 直使	乙未 四 八	丙申 五 七	丁酉 六 六	戊戌 三 五	己亥 二 四	庚子 一 三	辛丑 九 二	壬寅 八 一	癸卯 七 九
甲辰 壬 天任 八宮生門 直符 直使	乙巳 四 七	丙午 五 六	丁未 六 五	戊申 三 四	己酉 二 三	庚戌 一 二	辛亥 九 一	壬子 八 九	癸丑 七 八
甲寅 癸 天柱 七宮驚門 直符 直使	乙卯 四 六	丙辰 五 五	丁巳 六 四	戊午 三 三	己未 二 二	庚申 一 一	辛酉 九 九	壬戌 八 八	癸亥 七 七

小暑中 立秋上 霜降下 小雪下 陰遁㊁局

巽四 天輔 丙月奇 驚門	離九 天英 甲申庚 開門	坤二 天芮 休門 甲子戊 中天禽 丁星奇
震三 天沖 乙日奇 死門		兌七 天柱 生門 甲辰壬
艮八 天任 甲午辛 景門	坎一 天蓬 甲戌己 杜門	乾六 天心 傷門 甲寅癸

甲子	戊 天芮 二宮死門	直符直使	乙丑 三一	丙寅 四九	丁卯 五八	戊辰 二七	己巳 一六	庚午 九五	辛未 八四	壬申 七三	癸酉 六二
甲戌	己 天英 一宮休門	直符直使	乙亥 三九	丙子 四八	丁丑 五七	戊寅 二六	己卯 一五	庚辰 九四	辛巳 八三	壬午 七二	癸未 六一
甲申	庚 天英 九宮景門	直符直使	乙酉 三八	丙戌 四七	丁亥 五六	戊子 二五	己丑 一四	庚寅 九三	辛卯 八二	壬辰 七一	癸巳 六九
甲午	辛 天任 八宮生門	直符直使	乙未 三七	丙申 四六	丁酉 五五	戊戌 二四	己亥 一三	庚子 九二	辛丑 八一	壬寅 七九	癸卯 六八
甲辰	壬 天柱 七宮驚門	直符直使	乙巳 三六	丙午 四五	丁未 五四	戊申 二三	己酉 一二	庚戌 九一	辛亥 八九	壬子 七八	癸丑 六七
甲寅	癸 天心 六宮開門	直符直使	乙卯 三五	丙辰 四四	丁巳 五三	戊午 二二	己未 一一	庚申 九九	辛酉 八八	壬戌 七七	癸亥 六六

大暑中 秋分中 處暑上 大雪下

陰遁㊀局

坤二 死門 天芮 乙日奇 中天禽 甲寅癸
離九 天英 甲戌己 景門
巽四 丁星奇 天輔 杜門
兌七 驚門 天柱 甲午辛
震三 丙月奇 天沖 傷門
乾六 開門 天心 甲辰壬
坎一 天蓬 甲子戊 休門
艮八 甲申庚 天任 生門

甲子 戊 一宮休門 天蓬 直符 直使	乙丑 九二	丙寅 八三	丁卯 七四	戊辰 六一	己巳 五九	庚午 四八	辛未 三七	壬申 二六	癸酉 一五
甲戌 己 九宮景門 天英 直符 直使	乙亥 八二	丙子 七三	丁丑 六四	戊寅 五一	己卯 四九	庚辰 三八	辛巳 二七	壬午 一六	癸未 九五
甲申 庚 八宮生門 天任 直符 直使	乙酉 七二	丙戌 六三	丁亥 五四	戊子 四一	己丑 三九	庚寅 二八	辛卯 一七	壬辰 九六	癸巳 八五
甲午 辛 七宮驚門 天柱 直符 直使	乙未 六二	丙申 五三	丁酉 四四	戊戌 三一	己亥 二九	庚子 一八	辛丑 九七	壬寅 八六	癸卯 七五
甲辰 壬 六宮開門 天心 直符 直使	乙巳 五二	丙午 四三	丁未 三四	戊申 二一	己酉 一九	庚戌 九八	辛亥 八七	壬子 七六	癸丑 六五
甲寅 癸 五宮借死門 天輔 直符 直使	乙卯 四二	丙辰 三三	丁巳 二四	戊午 一一	己未 九九	庚申 八八	辛酉 七七	壬戌 六六	癸亥 五五

九星三元名目 其實総是一星三名而已何所分乎

天元九星 一 天蓬 二 天芮 三 天沖 四 天輔 五 天禽 六 天心 七 天柱 八 天任 九 天英

地元九星 一 貪狼 二 巨門 三 祿存 四 文曲 五 廉貞 六 武曲 七 破軍 八 左輔 九 右弼

人元九星 一 太乙 二 攝提 三 軒轅 四 招搖 五 天符 六 青龍 七 咸池 八 太陰 九 天乙

附

天元九星吉凶歌 天蓬貪得解凶神、天芮平安遅滯因、天任和合可避難、捕亡圍獵在天禽、天沖性動主失散、天輔文章喜得朋、天柱口舌宜武事、剛明果決合天心、天英文彩多吉慶、献第陳謨利大人、

地元九星吉凶歌 貪狼斗柄紫微星、化解諸凶秀且靈、安靜巨門田土樂、祿存土宿不宜陰、文曲性靈常欲動、破廉凶暴不堪臨、太平賴有將軍力、輔弼朝綱大貴人、

人元九星吉凶歌 太乙持衡必稱情、青龍財喜滿門庭、太陰得遇爲利、天乙提携是貴人、天符咸池遭口舌、招搖攝提不堪親、軒轅居震能持重、凶吉星神紛細詳、

九遁　天遁　地遁　人遁　神遁　鬼遁　風遁　雲遁　龍遁　虎遁

天遁　生門與月奇丙合地盤六丁　生門合地盤六丙　生門六丙合地盤六戊（臨九地）　休門合三奇太陰　○一云開門合丙奇（但此奇與門相制不取）

地遁　開門與日奇乙合地盤六乙　開門三奇合太陰　開門三奇合九地同　六丁休門加九地

人遁　休門與星奇丁合太陰　休門星奇丁合地盤六乙　生門三奇合太陰（合九地亦可）

神遁　生門與月奇丙合九天（或下臨九天）　生門六乙合九天（一云加九地）　生門六乙臨艮宮　開門六乙臨乾　乙奇開門臨乾

鬼遁　休門與星奇丁合九地（或臨九地）　生門六丁逢九地（太陰）到乾　休門六辛合天輔　生門丁奇加太陰　休門丁奇到艮

風遁　開門與日奇（或月奇）合臨巽宮　六丁休門加癸在巽宮　或休門六癸臨巽　六乙三吉門加辛在巽宮　辛加乙合吉門　辛加三吉門到艮　辛加乙合星奇丁景門　乙加乙合艮（艮屬寅風從虎亦是）

雲遁　開門合日奇乙臨坤宮　六乙生門開臨坤　六壬生門合天芮（坤星）　乙加辛合吉門　辛加乙合吉門到坤　乙奇生門加九地到坤

龍遁　休門合乙奇下臨水位（或臨坎六癸為真　或乙加癸）　乙加癸合休門　休門（生門同）六丁臨坎　開門丁奇加九地　乙奇休門加坤龍

虎遁　生門六辛合艮（乙合加或不必合艮）　乙加辛　生門六乙加辛合艮　開門六庚合兌　生門下臨兌宮辛　三吉門加九地到艮　乙奇生門加辛到巽

附

文遁　乙奇生門六丁

武遁　丙奇開門六辛

案葛洪吉凶格另有此二遁又其上遁與此不同處另抄

三詐 太陰 六合 九地 此三者曰三隱宫有奇門合者謂之三詐

真詐 奇門與太陰同宫曰真詐

休詐 奇門與六合同宫曰休詐

重詐 奇門與九天九地同宫曰重詐

五假補 傷門 杜門 景門 驚門 死門 補物假

物假 丁奇太陰得杜門臨六己乙奇傷門加六合

天假 景門合三奇逢九天之宫

地假 杜門合丁己癸逢三隱宫 臨九地宫 臨太陽 利伏藏 臨六合宫 利逃亡

杜門合丁奇太陰神假

人假 驚門逢六壬臨九天宫 六壬驚門臨坤 驚門六合臨九天

神假 傷門逢丁己癸合九地宫 三隱 臨六宫合九美 六庚傷門到巽

鬼假 死門合丁己癸臨三隱宫 生門朱雀六己到艮 休門合丁己癸加太陰

三奇得使 訣曰 乙逢犬馬、丙逢猴鼠、丁逢龍虎、此謂得使。其中有三凶格如青龍逃走、熒入太白、朱雀投江以得使而論在所不忌

乙奇加地盤甲戌甲午上 乙加甲午辛謂青龍逃走 丙奇加地盤甲子甲申上 丙加甲申庚謂熒入太白 丁奇加地盤甲辰甲寅上 丁加甲寅癸謂朱雀投江

物假 宜陰謀秘算

天假 宜進謁貴

地假 宜伏藏逃亡

人假 宜擒捕

神假 宜行間用諜

鬼假 宜埋葬

三奇專使　補三奇游六儀　乙奇加甲子戊申庚上　丙奇加甲戌己午辛上　丁奇加甲辰壬寅癸上

甲己丙辛日丙奇專使統領輔弼管事　二奇乙庚丁壬日乙奇專使統領輔弼管事　三奇戊癸日丁奇專使

玉女守門　玉女六丁是也門即八門也

陰陽九局值使之門臨地盤丁位上為玉女守門

天輔時　六甲旬各得一時

甲子旬中己巳時　其餘五時各屬旬首　甲戌時　甲午時　甲辰時　甲寅時

天三門　天門三方用六壬遁法以月將加時輪至卯未酉三方上即是　月將即太陽每月過宮之位　大寒丑月月將子　冬至子月月將丑　小雪亥月寅　霜降戌月月將卯　秋分酉月月將辰　處暑申月月將巳　大暑未月月將午　夏至午月未　小滿巳月申　谷雨辰月酉　春分卯月戌　雨水寅月月將亥　月將每月中氣與月建合者是也

太沖卯　小吉未　從魁酉　六壬十二時神名　子日神后　丑日大吉　寅日功曹　卯日太沖　辰日天罡　巳日太乙　午日勝光　未日小吉　申日傳送　酉日從魁　戌日河魁　亥日登明

地四戶　地戶四方用十二時掌訣以月建加時輪至除定開危四位即是　月建　正月寅亥月將　二月卯戌月將　三月辰酉月將　四月巳申月將　五月午未月將　六月未午月將　七月申巳月將　八月酉辰月將　九月戌卯月將　十月亥寅月將　十一月子丑月將　十二月丑子月將

除建第二位　定建第五位　開建第十一位　危建第八位

月建所統十二位　一建　二除　三滿　四平　五定　六執　七破與建對沖為破　八危　九成　十收　十一開　十二閉　挨順次行　如建在寅，則除在卯，滿在辰，如建在卯，則除在辰，滿在巳，餘倣此

地私門　亦用壬遁法以月將加時　尋本日貴人起十二神數至六合太常太陰之位即是

六合　太常　太陰

貴人十二神　貴人　螣蛇　朱雀　六合　勾陳　青龍　天空　白虎　太常　玄武　太陰　天后

天馬　亦用六壬月将加時法輪至卯上即是

天馬在卯　用六壬遁月将加時太沖卯所臨之位

五符　以時干所占之時祿位起　祿位如甲祿在寅乙祿在卯丙戊祿在巳丁己祿在午庚祿在申辛祿在酉壬祿在亥癸祿在子〇五符所領十二神如上貴人所領十二神亦挨次順行

一五符〇〇〇　宜出兵耀武名利皆吉

四風伯　行兵得此順風者吉對面逆吹者凶

七風雲　如遇雲遁必有大霧宜偷營百事多暗昧

十天關　此時破敗

二天曹　宜上章奏对其餘謹防不可輕動

五雷公　防虛詐驚恐從東方擊西方利

八唐符〇〇〇　宜出師征伐百戰百勝為事一切皆吉

十一地輔　防有埋伏隔阬

三地府　宜埋伏固守吞動百事不利

六雨師　積水掘井挖河出兵此方宜防驟雨暴漲為事諸不吉

九國印〇〇〇　建都立基受封龍承爵揚兵大勝主將有權得天嘉紫誥萬事吉

十二天賊　恐有詐降奸巧小人為害

青龍十二神

開為生神定為死神

一青龍　太歲〇黃道　月建木寅

四朱雀　太陰黑道　平火巳

七白虎　歲破黑道　破金申

十玄武　福德黑道　收水亥

二明堂　太陽〇黃道　除木卯

五金櫃　官符〇黃道　定火午

八玉堂　龍德〇黃道　危金酉

十一司命（天官）　吊客〇黃道　開水子

三天刑　喪門黑道　滿土辰

六天德　死符〇黃道　執土水

九天牢　白虎黑道　成土戌

十二勾陳　病符黑道　閉土丑

六儀刑擊

甲子符直加震宮子刑卯 甲戌符加坤宮戌刑未 甲申符加艮宮申刑寅 甲寅符加巽宮寅刑巳 此相刑之刑

甲午符直加离宮午自刑 甲辰符加巽宮辰自刑 此自刑之刑 又五總龜注謂子刑卯 丑刑戌 寅刑巳 卯刑子 辰自刑 巳刑申 午自刑 未刑丑 申刑寅 酉自刑 戌刑未 亥自刑

三奇入墓

乙奇臨坤墓于未 丙奇丁奇臨乾墓于戌 一說乙奇又臨乾乃陽生于午、墓于戌也、奇又臨艮乃陰于酉、墓于丑也、

時干入墓

丁丑 癸未 丙戌 乙庚日有此三時 己丑 壬辰 戊戌 丙辛日有此三時

五不遇時 凡時干剋日干者是

甲日庚午時 乙日辛巳時 丙日癸卯時 丁日癸卯時 戊日甲寅時

己日乙丑時 庚日丙子時 辛日丁酉時 壬日戊申時 癸日己未時

伏干飛干

庚加地盤日干為伏干 日干加地盤庚為飛干

伏宮飛宮

庚加地盤直符之宮為伏宮 直符加地盤六庚之位為飛宮

反吟伏吟

丙勃（丙加時干為勃）

丙（在天盤）加庚（在地盤）為勃　伏勃　飛勃（如上庚之伏宮飛宮）　年勃　月勃　日勃　時勃

庚格

大格（庚加癸）　小格（庚加壬）　刑格（庚加己）

歲格　月格　日格　時格　奇格

五陽時五陰時（陽時為開利為出兵勝凡時吉　陰時為闔　○一說從六甲分孟仲季為開闔○一云不論不論門阳時三甲但以九星門阳加為時斷）

時干值甲（天福）丙戊庚壬為陽　值乙丁己辛癸為陰（參看下三甲及九星陰陽）

（用兵）亭亭神　白奸神（亭亭天之正神貴神　白奸天之奸神凶神。起亭亭法用壬遁以月將加時（見上天門地戶）輪至神亭所臨之宮即。起白奸法亦以月將加時輪至寅午戌三位之下見地盤寅申巳亥宮即是）

亭亭（天盤居子上　其輪法如上天馬　用兵時宜背之背者坐其上也）　白奸（居天盤寅午戌三位下臨地盤寅申巳亥上　用兵時宜擊之（向白奸而擊敵也）　又居天乙直符之宮擊对沖　如坐子擊午坐卯擊酉）

（用兵）五勝宮（○又五不可擊一〃〃天乙宮二〃謂九天宮三不擊生門宮四〃〃九地宮五不擊直使　蓋此五宮我吾居之人不能擊謂之五勝彼兵居之我不能擊謂之五不可擊）

第一勝直符宮（陽遁用天盤／陰遁用地盤）直符所居之位　第二勝九天宮　第三勝生門宮

第四勝九地宮　彼兵居之不可擊　第五勝值使宮　亦利謀望

孤虛法　六甲空亡為孤，空亡对沖為虛，用年孤惟時孤最驗
黃石公背孤擊虛，一卒可敵十人。古法十人用時孤，百人用日孤，千人用月孤，萬人

甲子旬（孤在戌亥，虛在辰巳）　甲戌旬（孤在申酉，虛在寅卯）　甲申（孤在午未，虛在子丑）　甲午旬（孤在辰巳，虛在戌亥）　甲辰旬（孤在寅卯，虛在申酉）　甲寅旬（孤子丑，虛午未）

六甲神名

甲子神名報勝　甲戌穹窿　甲申監兵　甲午陵光　甲辰含章　甲寅孟華

六丁玉女名字（附六丁上應列宿）

丁卯　丁丑　丁亥　丁酉　丁未　丁巳
房星　牛星　宿星　昴星　鬼星　翼星

又有六甲陰符六丁名字詳下考他本云丁卯名孔林族子字文伯
字與此相同而名不同未知其詳

丁卯（甲子旬）名日支字文伯　丁丑（甲戌旬）名玄天上字文孫　丁酉（甲午旬）名救欽字文卿（一作文通）　丁亥（甲申旬）名法集字文公

丁未（甲辰旬）名素靈雲字文通（一作文卿）　丁巳（甲寅旬）名朱能府字文巨（一作巨卿）

三甲　六甲分孟仲季。詩曰：時逢六甲分開闔，六甲原同用不同，陽星加時交戰吉，陰星為闔畜揚凶，寅申孟甲陰居外，出入兵師禍必逢，子午仲甲陽為內，亦利藏兵莫出攻，辰戌季甲陽在外，出入揚兵自遍利通

甲寅甲申為孟甲　甲子甲午為仲甲　甲辰甲戌為季甲

九星陰陽（三奇在陰陽同）
陽星加時為開
陰星加時為闔

蓬一坎　任八艮　沖三巽　輔四震　禽五　為陽星

英九離　芮二坤　柱七兌　心六乾　為陰星（從後天卦自坎至巽為陽，自離至乾為陰）

坤　兌　乾
離　　　坎
巽　震　艮

生神死神 背生神擊死神百戰百勝謂此也

開為生神 定為死神

	正	二	三	四	五	六	七	八	九	十	十一	十二
生神	子	丑	寅	卯	辰	巳	午	未	申	酉	戌	亥
死神	午	未	申									

玉女三宮法 詳下三宮時

天罡辰加四孟 寅申巳亥 ○天乙在內 宜處百事

天罡加四仲 子午卯酉 ○天乙在門 百事皆敗

天罡加四季 辰戌丑未 ○天乙在外 百事皆吉

三宮時 天乙貴人

大吉丑加四仲名曰玉堂時 天乙理事于玉門之中。百事利逃亡得。

神后子加四仲名曰明堂時 天乙出遊于八極之外。百事利。逃亡者得。

登明亥加四仲名曰絳宮時 天乙伏藏于深宮之中。不可出門逃亡者皆困。

又曰凡天乙之理三宮四時迭用要在于天乙大神向之必敗皆從所克。

一春三月天乙大神理于玉堂官大吉是也大吉為生氣其沖克小吉未為百鬼死、

夏三月天乙大神理于明堂官神后子是也神后為生氣其沖克勝光午為 負

冬三月天乙大神理于絳宮登明亥是也登明為常生其沖克太乙巳為積刑、

按上云玉女三宮法先言天罡所加不知與下三宮如何関涉但加四孟四季利四仲不利與下三宮時兩利一不利似乎相同但其取用在辰與下子丑亥自異 又子丑亥皆言時 盖占時也天罡未言時但亦曰加蓋亦屬占時 又注云三宮時四時迭用今但言春夏冬而不言秋或就三宮按三時秋三月在所不論但本文自春夏之下接寫一秋字秋字下無字下寫冬三月云云豈抄寫脱誤乎均俟考明。今查天罡即斗罡也起斗罡法以月將加時順數至辰上止凡出行謀為出兵俱出斗所指之方大利急時用之亦与急從神之意則緩用更得奇門十全福力其從另詳于後

旺相廢休囚 九星屬五行當一年十二月令五行生剋論之

月令為我生 如金土水星遇月令水金木曰旺

月令與我比肩曰相 如天蓬在亥子月天英在巳午月

月令生我曰廢 木土金星遇月令水火土

月令為我剋 金剋木水剋火土剋水火剋金木剋土 曰休

月令來剋曰囚

門廹宮廹

宮制門曰門廹　門制宮曰宮廹

懽怡伏合

凡天盤星門所加與宮同類（如蓬休在一宮芮死在二宮）曰伏　伏上遇三奇曰懽怡　丙丁奇（在天盤）照下地盤時干位曰合

義和制害

門生方曰義　方生門曰和　門剋方曰制　方剋門曰害

禽干吉凶　禽者九宮之星三沖四輔五禽六心八任為吉禽非此為凶禽也○干者時干甲乙丙丁戊前五干為吉後五干為凶也

禽之吉者　三宮震　四宮巽　五宮　六宮乾　八宮艮

干之吉者　甲為天福　乙為天德　丙為天威　丁為太陰　戊為天武

吉符　直符（即天乙所在）　太陰　六合　九天　九地

直符天乙　太陰　六合　九天　九地

直符三元經曰急則從神緩從門謂有急不擇門奇當天乙所在宮及直符之神方而去○真詮經直符之灵雖驚亦平若于急难之中如法啟餡獨行其下人無見者但用朱書直符（九星輪值各書其名）貼于額上而去但須避太乙所居之方其時須用己庚辛壬癸陰時方驗也

三勝時

乙巽離壬巽離為天勝（遇吉門尤佳） 辰巽丙任合吉門為地勝 震丁戊合三吉門 巽离休 震兌生為陽勝 巽离乙生 震丁戊休為人勝（宜隱迹脩道） 艮巽乙開 巽离丙休 震兌丁生為陽勝（宜出入戰鬥擒捕逃亡）

九宮下司九州 九宮合五音（就五行論）

（用神太乙）一曰天蓬六戊星在斗柄招搖（天槍） 主一宮冀州坎位正北方大凶星

（攝提）二曰天芮六己星在斗之玄戈 主二宮荊州坤位西南方大凶星

（軒轅）三曰天衝六庚星在斗之搖光 主三宮青州震位正東方小吉星

（招搖）四曰天輔六辛星在斗之開陽 主四宮徐州巽位東南方大吉星

（天符）五曰天禽六壬星在斗之衡 主五宮豫州中宮 大吉星

（青龍）六曰天心六癸星在斗之權 主六宮雍州乾位西北方 大吉星

（咸池）七曰天柱六丁星在斗之璣 主七宮梁州兌位正西方小凶星

（太陰）八曰天任六丙星在斗之璇 主八宮兗州艮位東北方小吉星

（天乙）九曰天英六乙星在斗之樞 主九宮揚州离位正南方小凶星

威德時

丙為天威甲為天德（葛稚川云、丙為威、甲為德、謂天丙加地甲、此時利為客、旌号拖令入其國、犬不吠、馬不鳴、犬畏小懾、行動萬里、敢舉兵來向皆退自滅、故曰天兵不動、敵人自恐、天兵不行、敵人自驚、將兵征討、為客大勝、惟不利主、宜固國守以待天時也、）

宝義和制伐 就日辰支干而論各十二日

干生支為宝日上吉 支生干為義日次吉 干支比和為和日次吉 干剋支為制日小凶 支剋干為伐日大凶

十二地支屬八卦方位

子坎 丑寅艮 卯震 辰巳巽 午离 未申坤 酉兑 戌亥乾

陰陽遁各九局起流年太歲

流年太歲如起時支值使法 查太歲在六甲何旬中 再查旬首在地盤何宮從旬首所在之宮或順順陽局或逆逆陰局飛至本年支位止即知太歲在何宮也 再就太歲支位所屬看生旺刑剋 宮剋太歲不利太歲剋宮卻作財地看為一歲之財地也其餘生旺刑克一例論

起流年月建法

起流年之月建 即從流年太歲所到之宮見上條 起六甲旬頭如在甲子旬中起甲子在甲戌旬中起甲戌 或順或飛数至本月支位上止 其生旺刑剋亦就其支位所屬論 如太歲一樣亦以月支剋宮者為月財也

局中起本命及行年所在 皆從其納甲五行論生旺刑剋亦以命之納音克宮為財

起本命及行年小根 從主局之宮 如一局一宮二局二宮三局三宮四局四宮 起甲子順行至本命及行年上止

陰貴人

陽貴人

壬遁貴人十二神

貴人　螣蛇　朱雀　六合

勾陳　青龍　天空　白虎

太常　玄武　太陰　天后

直符八神吉凶按直符有九神符蛇陰合陳即白虎常雀即元武地天據此六合之下応有太常

直符即太乙凡事急宜從此方出。

勾陳白虎凶惡之神宜防賊並刼寨偷營。

螣蛇虛詐之神。

太陰陰佑之神可履符禁敵閉伏藏兵出此可避害。

六合護衛之神可以埋伏逃避。

朱雀玄武小盜之神宜防奸細覘軍情。

九地堅牢之神宜屯兵保障。

九天威捍之神宜揚兵布陣。

地網天網

六癸在天盤下臨時干曰天網四張直符臨艮八宮曰天網四張

六壬在天盤下臨時干曰地網

萬一訣云天網即天上六癸之下天乙直符所加之宮也若直符在一二三四宮網只一二三四尺可揚声而去一云有急事須以左手負刀匍匐而行過十步則吉若直符加六七八九宮網高如出須兩臂負刀伏行呼天輔名左右肩紐而出过十步則網敗

吉格　九遁格　文武遁　三詐　五假

飛鳥跌穴　天盤丙加地盤甲
青龍迴首　天盤甲加地盤丙
玉兎飲泉
玉兎當陽
玉兎乘風
玉兎步雲
玉兎遊宮
鳳入丹山
龍騰碧海
得祿格
逢貴格
天地合儀
日月合明
月朗南極
日麗中天

玉神留神　守門
玉神遊地
火照天門
火行風上
子居母腹
龍虎二格
三奇陞殿
奇遊六儀
時孤
奇符相加
趋三
避五
三奇得使
三奇遊儀
相佐
懽治

玉女守門
月入雷門
天輔時
天恩赦
威德時　甲為天德丙為天威甲丙相加詔之威德
門生宮和格
宮生門义格
星尅格
三甲合　即吉星格
第一勝
第二勝
第三勝
通用
開時
闔時
五陽時
五陰時
五不擊

凶格 吉凶格葛稚川所著

螣蛇夭矯 天盤癸加丁
朱雀投江 天盤丁加癸
青龍逃走 天盤乙加辛
白虎猖狂 天盤辛加乙
太白入熒 天盤庚加丙
熒入太白 天盤丙加庚
三奇入墓
三奇受制
六儀形擊
時干入墓
返吟
伏吟
損明時
五不遇時

大格
小格
刑格
上格
伏干宮
飛干宮
加一宮
同一宮
年
月
日
時
歲
月悖
日悖
奇格 分吉凶兩用
羊入虎穴
鳳凰折翅

火死金鄉 一作入
大金同化
木直符宿凶星
宮迫
門迫
八門受制
九星受制
三奇受制
關格時
自刑時
天網四張
地網遮障

奇格

伏身歌 許方奇門秘祿

一白入中身居六　二黑入中身居七　三碧入中身居八　四綠入中身居九　五横入中身居一

○但得飛身顛倒訣、未來過去如明月、惟看酉居(依此不)家同、一白入中身(在)五、帝皇用此戊亥之時機甚微、金符用(法)德傳今古、五為戊巳大煞、常人不用酉戌亥、皆係一白入中身居五矣、

天元九星　天蓬　天芮　天沖　天輔　天禽　天心　天柱　天任　天英

地元九星　貪狼　巨門　祿存　文曲　廉貞　武曲　破軍　左輔　右弼

人元九星　太乙　攝提　軒轅　招搖　天符　青龍　咸池　太陰　天乙

天上三奇　地下三奇　人中三奇

六親訣 以中宮定之中宮為我

生我者為父母　叔伯　長親　文書(子孫占以文書為坟墓)　印綬　田宅　城池

剋我者為官鬼(妻占以官為夫以鬼為痛)　上司　敵賊　墳墓　官栽賊

我生者為子孫　福祿　僧道　丁屬　衙役　醫藥

我剋者為妻財　奴僕　六畜　五穀　舟車　酒食　衣服

比和者為兄弟　朋友　同事　親戚　同僚　同年　同輩

定用神訣 以数少為先数多為後、不必分時先後、以從葛(藤)勝也

身居之宮發動時、時先時後任君推、時先過時宜再運、時後物(将)來应有期、若過(遇)日神須作主、相逢月建亦同之、年月日時皆有用、事憑遠近定相宜、

三奇到各宮喜忌

乙奇　到坎吉　坤凶　震巽大吉　乾大凶　兌凶　艮吉　離大吉

丙奇　到坎大凶　坤大吉　震巽大吉　乾大凶　兌大凶　艮大凶　離大吉除子亥二時不用

丁奇　到坎凶　坤大吉　震巽吉　乾大吉忌戌　兌大吉　艮大凶　離乗旺太炎凶

三奇墮貴人殿

乙到震為貴人墮乙卯之殿　丙到離為貴人墮丙午之殿　丁到兌為貴人墮丁酉之殿

三奇不得力

乙奇與辛同宮戌甲午時　丙奇與壬同宮戌甲辰時　丁奇與癸同宮戌甲寅時

貴人祿馬起例　從壬遁十二神以天罡辰為祿傳送申為馬神后子為貴人　子神后丑大吉寅功曹卯太沖辰天罡巳太乙午勝光未小吉申傳送酉從魁戌河魁亥登明

如夏至後節氣六九三其曰辛亥就從六宮乾上起甲子、九宮離上起甲戌、三宮震上起甲申、三宮在離宮　六九三依次輪数

畢又回至六宮乾上起甲午、九宮離上起甲辰、三宮震上起甲寅、甲辰乃辛亥旬頭、就符府在離宮甲辰從離上起

順行、用飛佈法陰遁何以順行　乙巳到坎、丙午到坤、丁未到震戊申到巽、逢戊于又回離上逆行、戌申到離　此處再用逆行　己酉到艮、庚戌到兌、

辛亥到乾、便是乾州赤馬無人識、就從午上起天罡、既輪到乾矣不知何以又回到午上起天罡　為祿、未上是太乙、順数到戌上是

傳送、為馬、到寅上神后、為貴人、

按其起天罡之處不知從何取義、

又如冬至後節氣六三九，其日辛亥，從六宮起甲子，甲戌到震三宮，甲申到離九宮，此三宮輪数畢，甲午又到乾六，甲辰到震三，甲寅到離九，辛亥旬頭係甲辰，輪在三宮，就将甲辰在震上起逆行九宮，乙巳到坤二，丙午到坎一，丁未到離九，戊申逢戊又回到震上順行，戊申到巽，己酉到坤，五寄坤，庚戌到乾，辛亥到兌，便是壘雞吽出扶桑地，就于卯上起天罡為神順行，傳送東来為馬，神后在亥為貴人是也。

起九星掌訣法

以月建对沖辰加月建上数至所用時，以起九星，如後未申則起貪狼，後子則起巨門，餘倣此。

未申起 貪狼 戌亥起 武曲 乾六 巨門 兌七 祿存 艮八 文曲 離九 廉貞 午卯祿存子 巨門

五 起 貪狼 辰巳起 左輔 卯 右弼 寅卯 文曲 巽 右弼 震三 左輔 坤二 破軍 坎一 武曲

次以所得加時星上，看後何星以定尅應，如得坎一則武曲，坤二破軍，震三左輔。

許肪奇門秘録 伏身歌 按下歌于六白、七赤、八白、九紫，身在何處未詳，豈一六二七三八四九，自相聯舉，此可以見彼耶。○又下所云亦未明。

一白入中身在六，二黑入中身在七，三碧入中身在八，四綠入中身在九，五黃入中身在五。○又云但後飛身顛倒訣，未來過去如明月，惟有酉辰坎不同，一白入中身在五用此。注云帝王戌亥之時機，五微金符用法傳今古，注云五為戊己大煞，常人不用，盖即上所須帝王用此酉戌亥，皆係一入中身居五矣。

許肪六親訣 以中宮為我

生我者中宮為我 叔伯 長親 文書又為坟墓 印綬 田宅 城池 ○尅我者 官鬼婦人為夫 上司 敵賊 墳墓 官賊 ○我生者 子孫 福德 僧道 丁屬 衙役 藥 ○我尅者 妻財 奴仆 六畜 五官 舟車 酒食 衣服 ○比和者 兄弟

朋友 親戚 同僚 同年 同輩

許昉定用神訣 注云以数少為先数多為後不必分時前後以滋葛籐也

身居之宮發動時、〻先時後任為人推、時先過時宜再運、時後将來應有期、客遇日辰須作主、
相逢月建亦同之、年月日時皆有用、事憑遠近定相宜、

許昉定身法 其說不通不録

許昉十二值時星 以日論子日起申挨日推去 按以排明掌訣推之

即青龍 明堂 天刑 朱雀 金櫃 天德 白虎 玉堂 天牢 元武 司命 勾陳 是也 詳上青龍十二神

又遁甲天元金口訣 注以時干推用此第二盤九星也

甲尋狗虎方、丙戌牛蛇鄉、壬從羊猪地、庚在龍猴疆、辛居牛雞位、丁巳狗馬藏、乙居羊兎地、
癸向龍鼠藏、注云凡遇甲不論陰陽遁皆尋戌如應値星辰巳有於本盤則尋寅

又九星轉運歌

九星轉運最為奇、年月同十二支、發動之時随變化、運行順逆遠近宜、陽遁用飛須順轉、陰遁
用伏退一推、行到数窮不動處、便是神仙也彼肩 注五時屬兩占用此、人事占物來用此、不挨人親、一人
占兩事一時用此、挨人親 看順逆變化長短生剋以定吉凶、皆若陰遁五黄居中動宮止用伏盤退一宮飛
入退至五黄為極数、總之換星不換時、

又都天轉甲法 注云如遇五星益中星不動原局再運、亦陽遁用進一飛、陰遁用退一飛亾、

都天轉甲妙無窮、動之時飛入中、外佈九宮居用地、注用地所係之事 日時年月辨枯榮、日時年月何當吉、當月

日時佈九宮、飛入用宮值生旺、此年月日吉重。注云此一局管十二年、用飛星、以断看十二年、逐年何

如数千百年皆以此法、排算其法、将原發動之時、與各星總飛入中宮、另論。又注云符經用法原本

另標此四字即明上文也 按查值時飛星、每用一盤、管十二年、月日時之吉凶、再用都轉速法、詳上 以观数十百年後事再飛

九星、盖即轉甲法 以观十二年、每年何宮生剋則用十二局、推此太乙三元 此法未詳 推断之法、無二也、飛九星轉運、陽用飛

星陰伏宮退一法、不過看日前日後、於何年月值吉凶生旺、與都天轉甲不用、不可錯用、

許昉 起手總訣 按此詳上伏身数条用法

排山掌訣定符形伏数中宮五子游、發動之時飛入内、六親身合認中流 此盖言中宮為主 三元先後分飛伏 盖即阴阳遁局

十二青龍支上游、即上十二值時星 手上八門移轉動、吉凶生剋前中後

又起訣 按未能明晰今分作数節以便後日查時注之

其法照二至後大三元陰陽順逆以本日值支定上中下元或合于原盤之定数 句未明 起子将十二時支飛佈九宮

継看發動時支 盖即占時 佈於所佈何定数之内 此句未明 即将移入定数中宮飛数係本元何星值符照、天地

人星総歌 案上旁注照字原本奐云。又案天地人星總歌原本所無今查有三元值符以日支論一条云

上元	一蓬	七任	四輔	二攝	五符	八陰	九右	三禄	六武
中元	一太	七蔵	四招	二巨	五廉	八左	九英	三沖	六忑
下元	一貪	七破	四招	二满	五禽	八任	九天	三軒	六青

其餘詳上三元九星

自中宮起飛佈九星於九宮」

再照天元靈金口訣詳上看發動時支所以聯之於應於合宮時支此句又未明

以此時伏宮数尋对本元值符何星所照天地人元總歌句未明龍佈九星於各宮

如所應時支本元值符之星已往有照数借用別无此蓋元字之誤龍後照伏身歌論中宮定

身之位及看中宮飛入之数所屬五行與各宮飛佈之数此所云数當是九星之数自一至九為数也所屬

五行乃泒生尅定六親

又以所起子時不知謂何之門移至發動時支所值之門挨順佈之豈此如五總龜之移法乎旁五八宮此句未明

推五寄於二中宮寄坤耳

復以值時十二星蓋非青龍十二星亦看本日值支照轉輪歌按無輪轉歌蓋即上轉運歌坐支起順

時佈於九宮吉凶判矣

飲食左右冠帶步履法 飲食用丁冠帶用戊如甲子旬中丁在卯戊在辰餘可推

三元經曰六甲為飲食宜向旬中六甲假如甲子旬向子上出行也

甲之左右六丁是也假合甲子旬宜向卯上出行也 既云甲為飲食用丁蓋六甲宜用六丁左右扶助之也

○六戊為冠帶宜向旬中六戊假如甲子旬宜向辰上出行也

步履者念乾坤元亨利貞六字從左右起六步一步念一字勿回顧 案言冠帶步履蓋謂出冠帶宜用步履法

又云出飲食方得美饌、出冠帶方、得吉慶、

出行呼九星神名入太陰法

凡欲出行者就所向之方呼其神之名字而行行六十步左轉入太陰中（太陰陽遁直符前二位陰遁直符後二位。又六丁亦爲太陰）

神名　天蓬子禽　天芮子成　天沖子翹　天輔子卿　天禽子公　天心子襄　天柱子申　天任子常　天英子威

如冬至上元陽遁一局甲己日丙寅時地盤六丙在八宮天盤六甲直符加八宮出東北八宮呼其神名子禽（蓬子禽是北方一宮神名應是子常乃八宮神名也）行六十步入太陰中此直符前二太陰下臨四宮東南天盤六丁（臨六宮西北六丁是太陰）左旋入東南或西北皆是入太陰也

○○又入出呼六甲神名字（此六甲神名他本不同）

三元經曰凡用事者向六甲所在之方呼其神名行六十步左旋入太陰中（六丁亦是太陰）見貴必喜諸事吉戰必勝

六甲神名。

甲子旬首神名（一云名報勝）文卿　若拜將援兵符設伏督糧皆向其方呼名（左旋入太陰）

甲戌旬首神名（穹窿）徐柯　若開溝掘河平道開路皆向其方呼名

甲申旬首神名（監兵）蓋新　若入山田獵捕捉諸虫向方呼之蛇虫不動

甲午旬首神名（陵光）靈光　若巡狩安營戰鬥向其方呼之必獲大勝

甲辰旬首神名（含章）含章　若求官上任問名向其方呼之祿位高陞

甲寅旬首神名（猛華）監兵　若揚兵行軍向而呼之大勝若出行安邊呼之盜賊不起

又呼六甲神名五行相制法

三元經曰六甲神內營五行而動應無方具五行而制勝有相生相剋、妙法左手象天、右手象地其神好靜故書五行相制運化之道無不兼該。若見官求貴謁二千石漢官名及長者則于左手書一天字。若商賈結交會親友嫁娶交易立券則書和字亦亦用左手。若入山捜捕畋獵則書獅字。若部工居衆謂異衆則書强字。若過河治水則書土字或書戊字若波涛翻舟將溺者猶忌八風觸水龍抬摇咸池之日。棄用此法忌此日也。若游山入道則書龍字蛇虫不動此五行相制勝負之道也此法忌此日也

出入呼時下十干神名

三元經曰凡出行呼時下十干神名

甲為天福神名王文卿
乙為天德神名龍文卿
丙為天威神名唐仲卿
丁為玉女神名季由往
戊為天武神名司馬羊
己為天堂神名紀遊卿
庚為天刑神名鄒元陽
辛為天庭神名髙子張
壬為天牢神名王禄卿
癸為天獄神名受子光

出行画玉女符履斗法

凡出軍遠行求財遊宴涉險捕亡諸事當從吉時方以杖画地先四從後五横即念縱横咒即玉女省即玉女咒咒畢步斗念魁魓魓魒魓魒魒七字左足起一字一步步成北斗形畢念坦行咒勿回顧又十步中則諸惡不逢所向皆利。凡得奇門、欲向其方出、看係何奇、即念本奇咒、三奇各有咒勿動勿返顧就于所乘之方、念上玉女符咒履斗、如法而去百事皆吉也、

六甲陰符 即六丁符是也按下另有六丁符篆亦各有神名如丁卯神名日支字文伯之類

經曰上將對敵須作六甲陰符令敵人伏誅故曰寧與人千金不與人六甲之六陰古來此道最秘藏之金匱不傳匪人慎勿輕泄盜視者盲盜讀者瘖須齋戒沐浴行之觸犯則無驗矣

甲子旬陰在丁卯 一云字文伯 名孔林字族 其神 兔首人身
一云名孔林族其音若人吹笳可使人物下明

甲戌旬陰在丁丑 一作名梁梁卯共一作梁卯一作梁卯仲一云文孫 名梁卯字叔 其神 牛首人身
一云名梁卯叔其音若羣犬嗥何遠行人歸

甲申旬陰在丁亥 一作名陸成陸一作名陸城字文伯 名陵成字陸 其神 猪首人身
一云名陵成陸其音若壞城墻声可使致大水平城

甲午旬陰在丁酉 一作名費揚字文通 名費揚字多 其神 雞首人身
一云名費揚多其音若羣鳥夜鳴可使揚威大呼噓萬人恐

甲辰旬陰在丁未 名王屈字奇 其神 羊首人身
一云名王屈奇字文鄉一云字文通與丁酉互易一云名王屈其音若犀獸入城可使

甲寅旬陰在丁巳 名許咸字池 其神 蛇首人身
一云名許咸池其音若犀魚躍水可使水虫有甲之類一云名許咸池字巨鄉或云字文巨

○作符法以月蝕時伐牡荊或梧桐陰上枝 枝蓋西北 或柏心亦可長几寸濶二寸厚二分以雌黃 或作雄黃 畫神名即書像下其符以錦囊貯之大將自隨身 所謂繫于左臂 遇兵來便出本當旬之符傳于囊外敵自驚潰賊也○取本法必先高戒以酒一升鹿脯三朐盐一盤以白茅為藉向地 不知向何方 再拜祝

曰牡荊如用桐柏則改之先百鬼之神曾孫某甲形與俱游六甲之陰百鬼之神與子俱游变化某身以子所指莫敢
不服謹奉清酌美脯願來享之祝畢再拜凡三次及伐木取時勿合樹旁有穢物觸之勿令孝子婦人
見之○凡授搏法齋戒五日沐浴勿食五葷五辛腥物乃擇日立所畫之符以立六甲之日夜半醮于方坛之上
為壇一杖二尺外埒方十二丈開十二辰以竹為算条長三尺一云九尺立于其位即六支位懸六陰符壇上依位之
色各以色綵三尺五寸為籍各置酒三杯鹿脯三胸盞乙杯受待向坐位再拜各請其名及門
戶神名另録詳又戌法如甲子日陰在丁卯正東再拜而呼孔林族之名是也若卒不及立坛可于庭中式野畫坛祭之

履陰符退敵兵法案以文字并神號履之手足終非正法曷勿擊之手臂

三元經曰履陰符可令敵兵不起其法甲乙日本旦南向丙丁日食時西向戊己日日中北向庚辛日日晡東
向壬癸日日入南向依所向之方取方寸桃枝書其姓名着左履下改為擊手左臂咒云某惡不善大逆罵天罵地罵日月伐
社稷使君不得血食君但搏之吾自與君擊之陰陽之神若來誅之先于地画敵人像頭從月建上來呼
其人姓名隨六甲之神在所詳下滅之則敵人與怨仇自消亡矣六甲神所在甲子旬神在頭甲戌旬神在左
足甲申旬神在右足甲午旬神在体腹甲辰旬神在左手甲寅旬神在右手
○凡年行遇悪風吹樹旗扞折者須取四維上土四隅也作人形長三尺手揣桃木刀葦矢行法者执刀
披髮向風前三叩齒咒曰天有四狗以守四境吾有四狗以守四隅以城為山以池為河
冠賊不得过來者不得近出者不得逸去者不得还急急如律令咒畢弃泥人而去

六甲安營法

甲子神名報勝　甲戌神名穹窿　甲申神名監兵　甲午神名陵光　甲辰神名含章　甲寅神名猛章

法云大將若居青龍（六甲）得天佑兵不傷　旗鼓居蓬星（六乙）軍聲雄而威大振

士卒居明堂（六丙）得天之雄將勇兵強　伏兵居太陰（六丁）敵自驚懼而不見

軍門居天門（六戊）軍威嚴而有則　小將居地戶（六己）士卒聽令而依計

斬決居天獄（六庚）軍中畏威服罪　判斷居天庭（六辛）賞罰信而無疑叛

囚繫糧儲居天牢（六壬）罪犯服而免逃脫軍糧足而無偷漏　府廩甲兵居天藏（六癸）儲備而無不足裕

以上安營法

三元經曰大將統兵四出屯營安兵必持其法但以六甲為首（從六甲起）如甲己日青龍在子蓬星在丑明堂在

寅乙庚日青龍在甲　太陰在　天門在　天戶在　天獄在　天庭在

明堂在之類　天牢在　天藏在

太陰在　天門在　天戶在　天獄在　天庭在

天牢在　天藏在

。行兵

凡兵涉險阨不得轉移若敵猝來即視查本時若係陽時令士卒前左袒大呼鳴金擊鼓先鋒進擊若係陰時令士卒銜枚臥鼓而待若敵四面圍困当分兵為三部一居月德方或月建方及生神之上監軍大將居亭亭神之上引兵進擊之大勝背亭亭向白奸一勝也　亭亭方不得占但背月建二勝也　背生神擊死神三勝也

。伏匿藏刑法（与下閉六戊藏形法參看又与玉女返閉法參用）

凡伏匿依每日干（如甲己乙庚青龍在何地）初起乘青龍六甲也（子）歷蓬星六乙也（丑）過明堂六丙也（寅）出天門六戊也（辰）入地戶六己也（巳）還于太陰六辛也（卯）取草折半障（人半）置之（置太陰丁六位）入天藏而去六癸也庚為天獄辛為天庭壬為天牢三方須避之不可抵向　假如六甲日（甲己青龍在子）子時（欲）伏匿者從子起六甲也歷丑六乙也過寅之丙也（丁位在後述轉）出辰六戊也（即所出天門）入巳六己也（即入地戶）還卯（再述丁位）取草折半障人半置其地（卯位）六辛也而入酉位六癸之上乃天藏之位也在六辛太陰置草時呪云天翻地覆九道皆塞有來返我至此而極呪畢（急急如律令）經入天藏癸位而去慎勿回顧　又云凡遠行切不天向庭辛天獄庚天牢壬凶吉

隱形符

隱見兜

此符硃書念斗兜須考加隱身兜見下三次帶于右手用北方氣其氣不知如何用法

。再按日月之下其中所畫星恐有錯誤須考之其中上應作三台下應作七星或加輔弼星

天蓬地覆九道皆塞有來逐我至此迷惑乘車來者折其兩轂乘馬來者折其馬足步行來者掩其兩目

一作縢其兩足揚兵來者令其自伏明星北斗却敵萬里追我者亡不見我者死牽牛織女為江河急急如律令

。

又玉女返閉法 与閉六戊法参

凡遇急事無奇門不可出行宜用返閉法宮中六尺堂上六步在野六十步總以六為數先定局訖左手持六籌各長一尺二寸籌法在下以右手執刀向旺方不知從何旺方吐渴氣呂次吸其旺氣飲之叩齒十二通可禱祝心事然後背旺氣啟請祝云維年月日某敢告于天地父母六甲六丁玉女六戊藏形之神好樂長生之術行不擇日出不問時今欲為某事到某方處告天地神祇丁甲大神謹按天文拜請六丁玉女真君畫地局出天門入地戶閉金關乘玉輅青龍白虎朱雀元武勾陳螣蛇六合六甲神灵十二將士神靈乘我而行到某方居左右巡防隨行隨心止隨臥隨起辟除盜賊鬼魅消亡君子見我喜樂飛常小人見我驚躍皇皇男女見我供侍酒漿百鬼惡賊見我者亡今日步步上應天罡玉女傳傍下辟不群萬怪壓伏所向無殃追討必獲營謀皆藏貴人扶持吉慶飛常謹請玉女真君急急如九天元女道母元君律令兜畢畫局佈排東西南北玉女十二支八千四維其圖在下子日在庚周而後復天門地戶玉女所在詳下凡入陣出行見官上官赴任皆出天門入地戶乘玉女而去又凡佈局左手執籌右手執刀自鬼門起左畫圖佈四方八干十二支神位取先丑上一籌掩閉天門須取申上一籌橫閉地戶十二日圖如子日庚玉女酉華蓋甲青龍乙地戶丙天門餘日依之

咒曰吾左魁右魒右魁左魒上魁下魒下魁上魒五藏身三五之中魋魁之內魓魑
之中顛倒三五低昂步罡魁為我生形吾戴日戴月足履北斗七星三台
覆我五星照我二十八宿羅列衛我璇璣玉衡獲我身形依斗履斗與斗
同儀今我思三五合成步璇躡衡趨　紫微三五騰輝乘罡御斗秉正夫
威萬世長存日月同躍邪道五害皆伏魁罡之下無動無作急急如律令

九宮八卦

坤申庚酉辛戌乾亥壬子癸丑艮寅甲卯乙辰巽巳丙午丁未

上台虛精
中台六淳
下台曲生
三台生義來
三台恭我來
三台護我來

下五天戶地戶玉女遂日所在者（詳下不復錄）經曰若若不佈局唱籌則請神不灵

六甲門天神名（上所抄六甲陰符處有呼此法今錄于此）

甲子旬（門名徐儀　戶名孫齊）解衣而去。甲戌旬（門名天司　戶名徐荷）仰天大笑而去。甲申旬（門名司馬光　戶名石戰）投冠而去。甲午旬（門名石象　戶名于可）解衣振迅而去。甲辰旬（門名公孫錯　戶名司馬勝）解髮更結而去。甲寅旬（門名公孫光　戶名司馬強）解帶而去。咒云某甲有急請神佐我佑我匿我藏我勿使敵人傷我覆我蓋我摧折勿令致我當我者死返我者亡使敵人冥冥嘿嘿視我者迷惑見我者亂其魂魄急急如律令　如行兵避敵咒畢入之士卒左旋直去切勿反顧藏于六癸之下。六癸如甲子旬癸在酉餘可類推

甲為天福（神名）王文卿　乙為天德（神名）龍文卿　丙為天威（神名）唐仲卿　丁為玉女（神名）季由徃　戊為天武（神名）司馬羊
乙為明堂（神名）紀遊卿　庚為天刑（神名）鄒元陽　辛為天庭（神名）高子張　壬為天牢（神名）王祿卿　癸為天獄（神名）受子光

三奇符

乙奇符

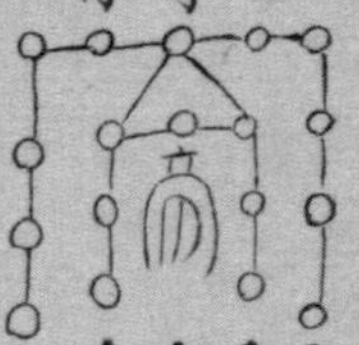

丙奇符

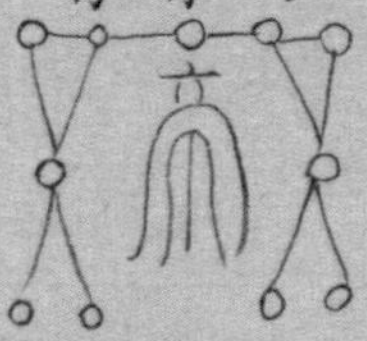

丁奇符

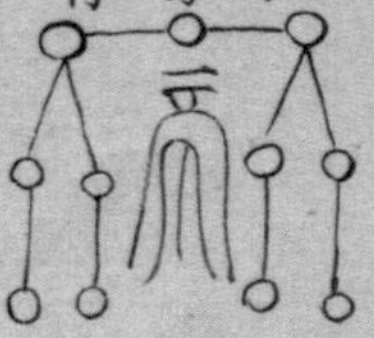

玉女符

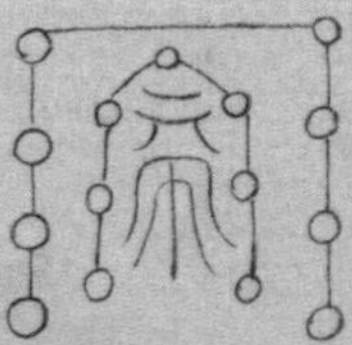

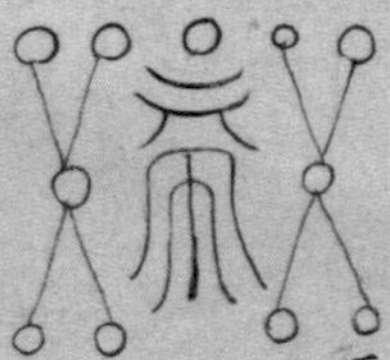

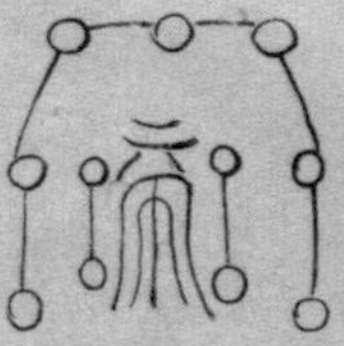

又三奇符

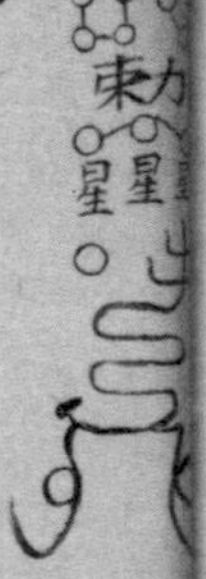

按此僅一符名曰三奇符蓋三奇通用備查

乙奇咒

天帝威神誅滅鬼賊吾今所行無攻不克急急如玄女律令

丙奇咒

吾德天助前後遮羅青龍白虎左右驅魔朱雀前導使吾會他天威助我六丙除病急急如玄女律令

丁奇咒

天帝弟子部領天兵賞善罰惡出幽入冥來護我者玉女六丁有犯我者自滅其形急急如元女律令

玉女咒

四縱五橫六甲六丁玄武載道蚩尤避兵左懸南斗右珮七星邪魔滅跡鬼出示潛形千不敢犯支不敢侵太直有勅吾令(令吾出)指行入水不溺入火不焚順我者死逆吾者生當吾者滅視吾者有急急如太上道祖鍊師上帝律令

丁卯符

丁卯神名日支字文伯

丁丑符

丁丑神名元天上字文孫

丁巳神

丁巳神名朱能府字文巨△

案文巨或作巨卿

丁未符

丁未神名素靈雲字文通

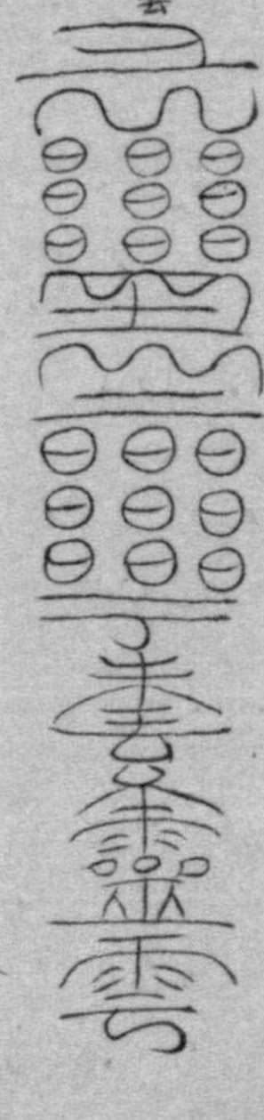

丁酉符

丁酉神名救欽字文卿

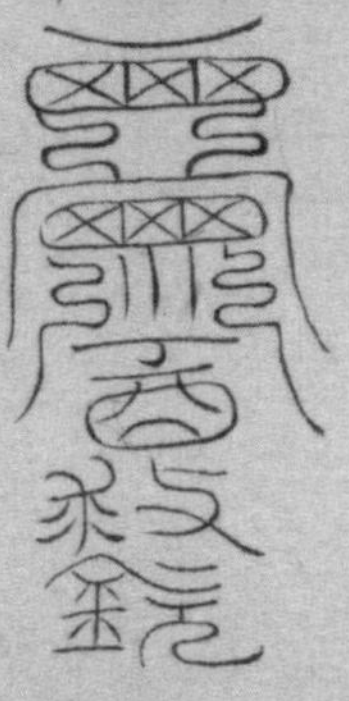

丁亥符

丁亥神名法集字文公

右六丁符宜依方修造避煞揚兵祭儀詳見符應經案下條所載益即祭儀 今查祭儀緑

再右符每加本刑体蓋即上陰符之刑如丁卯神鬼首人身之類未詳手各執簡身穿朝服佩帶各本相未詳遇旬中所用日期須用本旬符照鎮以淨室一間菓

儀六碟面星奇召丁書符

陰符

丁丑神名梁卯叔 丁卯神名孔林族 丁巳神名許咸池 丁未神名王屈奇 丁酉神名費楊多 丁亥神名陵成陸 案此云是六丁陰神名豈有陰阳之分耶今查即六甲陰符另緑

案陰符六丁名字屬于六甲用 右所書符及文伯文孫等名凡出門出兵用六丁時各按其名手之所詔三奇之灵是也

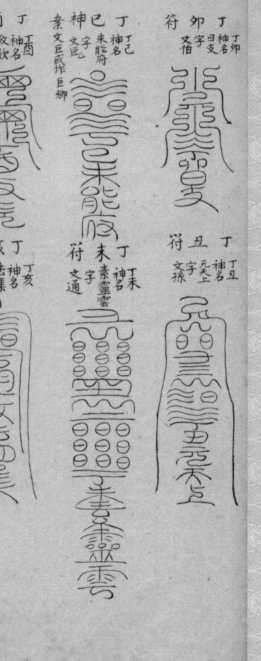

占斗罡法 按此法取其便亦與急從神之意相同

訣曰月将加于時順数去尋辰見辰罡指處 天地鬼神門 所為當合指 只在此時行 雖不泥方向 兼全值

萬金 其法以月将加所用時(即壬遁法見上)如太陽在卯(九月)用巳時即在巳上加卯(從卯数至辰第五 地盤巳到午亦第二位)順数至辰在午上即天罡所指方在午正南方大吉。其天地鬼神門者乾亥為天門 如斗柄指此方進來獻策大吉丑艮寅(在北方)為鬼門 如形入病人之家斗罡至此方吉。又凡行出征討一切謀事俱從斗罡所指方為利

又法 凡斗罡所指吉方俱以左手取印又取斗罡炁一口吹之印上(取印及取炁法未詳按考)出之感應神(如取印吹炁二法未詳)

一貪狼二巨門三禄存四文曲五廉貞六武曲七破軍八左輔九右弼

斗罡式 按云斗印式

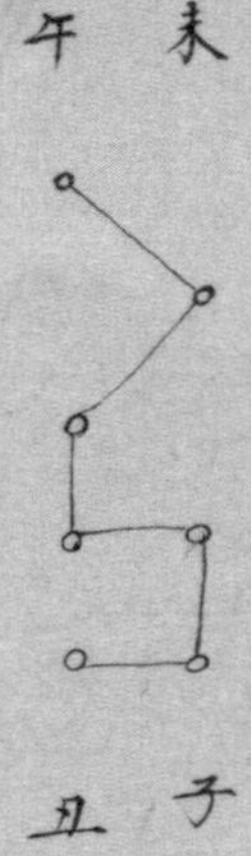

右式盖即如上所云指午之式

斗罡星曜訣

訣云 星曜逆回程丑上起為直弼星加孟日武曲仲推行禄存排季逆九曜逐宫尋三宫

無宿到依数接週輪九星時應驗契合妙通神

斗罡九星應驗歌

時值貪狼逢貴人馬頭涼傘在前迎求財出入皆為利酒物錢財有喜
新巨門出遇藝匠人僧道牙屠共喜行出入半凶還半吉求財少得卻
相近祿存文曲及廉貞出遇農夫及女人或是小兒兼犬畜求財不得
貴人嗔武曲原來大吉星出門便見貴人欽求財旺相財千萬遇貴
同筵酒食亨輔弼星臨百事成出門官貴便同行百般稱意求財遂
若去尋人便出迎

奇門行禹步 竝足作丁字步罡持咒訣

行時持劍禹步丁立先持咒曰金刀鈴、粉碎萬刑先身挺出变化難明吾奉先天道祖真皇上帝勅令吾為太極主先天地而生吾為太極使掌領天地兵禍患皆自滅福禄逢長生指揮玉府將風雨雷電霆吾行坐卧處指山摧崩指海、沸騰當日受使將聽令嚴令行吾奉先天道祖真皇上帝勅令

念上咒畢身祝曰壇場整肅厭穢消除吾令飛斗神將前驅謹召飛斗神飛斗將飛斗速降靈三魂童子七魄將軍速過靈關助吾飛斗

飛斗 踏斗罡也陽順陰逆其圖在下

咒曰請斗請斗龍奔虎走謹召雷霆起罡將軍為吾張步布罡助吾履斗斗曜妙兮十二神昇天罡兮威武神烝恍惚兮浮青雲九天動應天關知造（变）化兮合（有）吉凶叶與合六律令持甲禁（榮） 考禁字為榮字之誤持一作治

步斗罡 以禹步、之飛斗又謂之飛谿落斗

陽日順步 從天英至天蓬 陰日逆步 從天蓬至天英 其圖在下

陽日飛斗

天任　天沖　天弼（即天輔）

天蓬　天禽　天英

天心　天柱　天芮

咒云飛罡落斗陽日順履天英兮度天任清吟淵泉可陸沉抱天柱兮向天心從此度兮登天禽依天弼兮望天沖入天芮兮出天蓬斗曜妙兮剛柔濟添福祿兮留復裔一罡之炁步步隨出杳冥兮千萬吾奉上帝元布罡星律令下令

陰日飛斗

天任　天沖　天輔（一名風戶）

天蓬　天禽　天英

天心　天柱　天芮

咒云飛罡落斗陰日逆日月明兮乾道配吾從天蓬入天芮飛過天沖風戶內返歸天禽天心對天柱英任莫相背吾奉　上帝元布罡星律令下令

步罡畢丁立于所止之位咒云上乾并下坤道祖一炁分吾驅雷霆將疾速護吾身一卓天清二卓地寧三卓萬神咸集　敕令

玉女返閉法 此法又詳此頁上第五頁 其法相傳黃石公授張子房

經云緩則擇其門戶 用奇門也 急則依附鬼神 即行玉女返閉法及六戊藏形法也 當行玉女返閉法以保全之行法之人右手持刀閉氣作法画地 作法即念咒布罡飛斗其法見上畫地即下所言室中六尺堂上六步等是也 隨身 隨行法者身所在也 室中六尺為式堂上六步為則門外六丈為度郊外二百四旬為止畫地四圍周迎持刀布罡念咒 即上所詔作法是也 先從所直之神然後起日大轉 二句未明其言所直之神蓋六甲旬中六丁所值之神各有名字詳上。必先查其所值之神然後起曰大轉蓋即下所子日從庚而起步是也 俟再查明訂正 呼靈命籌 籌詳下 施陣 陣蓋法行步位也

用籌六枝尺二為 其籌蓋須年時製就當亦如戊即製法矣即法另詳 籌上書云 鼠走而值韓盧 鼠子也韓盧犬名戌也 牛奔而逢狡兎 牛丑兎卯 犬東投于鼠穴 上言子逢戌此言戌逢子 兎北走於牛圃 上言子逢卯此言卯逢子 蛇猴猪虎四顧移 謂寅申巳亥四支 龍馬雞羊兩相互 詔午未辰酉四支上是相沖此是相合

以上詳六籌所書此下接而言之休上作韻語也 二籌夹干以成門常為出入之神路

四仲地戶而不成又將初籌復再布

先天後地既以明 天詔天門地詔地戶 要知陰陽之所指 陰阳亦詔天地蓋先閉天門後閉地戶知天地陰阳云故也 四維八干以順行子日從庚而起步 此二句指玉女而言

四維四隅乾坤艮巽也八干庚辛壬癸甲乙丙丁也玉女十二日挨行子日庚丑日辛寅日乾用行四維八干從庚而起看下玉女所在自明 吉出地戶入天門 吉指謀為諸事而言 凶出天門入地戶 凶指逃難而言 望玉女而奔去 望玉女而奔去依局而行切勿回顧此是不得奇門暫假神靈佑護

天門地戶玉女逐日所在表 又閉天門地戶法

子日	天門丙	地戶乙	玉女庚	丑上篝取閉天門	申上篝取閉地戶
丑日	天門丙	地戶乙	玉女辛	丑上篝取閉天門	申上篝取閉地戶
寅日	天門丙	地戶庚	玉女乾	丑上篝取閉天門	辰上篝取閉地戶
卯日	天門庚	地戶丁	玉女壬	辰上篝取閉天門	亥上篝取閉地戶
辰日	天門庚	地戶丁	玉女癸	辰上篝取閉天門	亥上篝取閉地戶
巳日	天門庚	地戶壬	玉女艮	辰上篝取閉天門	未上篝取閉地戶
午日	天門壬	地戶辛	玉女甲	未上篝取閉天門	寅上篝取閉地戶
未日	天門壬	地戶辛	玉女乙	未上篝取閉天門	寅上篝取閉地戶
申日	天門壬	地戶甲	玉女巽	未上篝取閉天門	戌上篝取閉地戶
酉日	天門甲	地戶癸	玉女丙	戌上篝取閉天門	巳上篝取閉地戶
戌日	天門甲	地戶癸	玉女丁	戌上篝取閉天門	巳上篝取閉地戶
亥日	天門甲	地戶丙	玉女坤	戌上篝取閉天門	丑上篝取閉地戶

右玉女及天門地戶逐日所在方凡吉事如謀望上官諸事可緩擇奇門者亦可用此法擇用某奇先念玉女呪畫四縱五横符并三奇呪而出其玉女符咒并三奇符咒另詳于上此緩用之法出地戶入天門向陽而謀事也乘玉女而去勿返顧此有奇門而再籍玉女之助也凶事詔逃避藏形諸事急而暇擇門奇者如下行土戊藏形法另玉女咒及禹罡法此急用者出天門入地戶伏陰而閉固也乘玉女而去勿返顧此不得奇門而假神灵佑護也蓋六丁玉女各有名字及符天之貴神北青龍明堂太陰等星顯應依法用之大驗

玉女咒此急用之咒與上四縱五横槪用者不同

□□玉女□□玉女上二字依六甲旬移換如甲子旬丁卯甲戌旬丁丑甲申旬丁亥甲午旬丁酉甲辰旬丁未甲寅旬丁巳是也換值者連呼之速來護我保我代我□往□方杳杳冥冥莫覩其形人莫聞其聲鬼莫測其情惡我者殃愛我者生百邪鬼賊阻我者滅迹當我者滅形凡有禍害不得侵千萬人中任獨行急急如律令　呪畢再作禹步

禹步斗罡法并咒隨步隨念咒從斗柄起先念我得長生句步弟七星挨次去每足以左先足步

㊀一炁渾化濯我形
明陽登我導步禹
㊁
㊂天迴地轉步七星
㊃躡罡履斗齊之星
㊄道法摧伏妖魔群
㊅衆星助我滅邪精
㊆我得長生飛太清

以上禹罡如急事但望玉女方（即上子日在庚丑日在辛挨去）去呼其名（如六丁名丁卯曰日支丁丑曰元上丁酉曰救欽之類）念其咒（查咒無別語蓋即四縱五橫云云是也咒見上）而去一百二十步慎勿回顧　若出行軍伍等事緩用查合某奇即默念某奇（乙丙丁三奇各有咒並見上）咒而去所作皆利

三奇咒（乙奇咒丙奇咒丁奇咒并三奇符並見上）　玉女咒（即四縱五橫云云并玉女符並見上）

（按此急用）又咒云（考此乙奇門念此）白虎冥中治道路當吾（當前導吾）道者慎勿誤仁德之人便來助降幽冥幽冥相效務（下應有急急如律令）等句末云凡出乙奇用禹步踏三步即念此咒書此符（詔乙奇符○按此咒一本接玉女返閉法天門地戶表之後上寫乙奇符下書此咒○今查何以丙奇丁奇符之下冊咒豈統用者乎俟考）

又咒云（考此出丙奇門念此）前有天罡揚威武當從青龍與（伏）白虎行誅天賊與天虜敢有不從伏天斧（按此咒接書于丙奇符之下）

又丁奇符下書云（考此出丁奇念此）六丁玉女神名神母呼而問之（武呼即是問也）道所在當從斗表入斗裏（上步禹罡自至一亦是從斗表入斗裏是也或另從斗罡星曜一法均未注明）清冷之　多神草可以自障勿驚駭急急如律令

六戊符

戊子　戚骴鼬樂名陽

戊午　戚䰩夋復元充

戊寅　㦸踨层虞子張

戊申　㦸䠊䰩范百陽

戊辰　㦸䰭　李楚郎

戊戌　戚䵆覞范少郎

案此六戊符與下不同然其疊寫花字蓋是其號　更各有姓名似較下符為備俱戊辰符獨缺一花字　恐有錯誤

左真人（不知何代何名）六戊法（即閉六戊法又即六戊藏形法）

太上太清八景迴車輿道飛靈秘法（此似靈飛經中語）

法曰　大暑之正行　土旺能藏身（六戊屬土蓋大暑後土旺故云）　隐迹人不見　變化作别形

六戊隨符印　閉局用戊辰（戊辰六戊云首）　咒法天地助　太清秘訣靈

一人能作萬　天地皆歸順

六戊隐形

左真人曰六戊法布局行事步罡躡斗（蓋須先用上行禹步步罡持咒等法）　依所用日干而入局

禹步丁立望空祝告心事云今有某（州縣）某（鄉里）弟子某某因某事急迫不容少駐謹請天地父母六甲六旬六戊大神青龍　蓬星　明堂　太陰　玉女　華蓋藏形潜形風后仙聖衆等賢灵大闡符法護佑（吾伊）身徑往某處勿使傍人見（我伊）凶悪盡化飛塵得離若難感格神明急急如九天玄女律令勅祝畢　步斗念咒（即用上飛斗法）陽日陽斗陰日陰斗如法畢　以左手持劍手艮上鬼門取土作城次取六戊符

六戊符

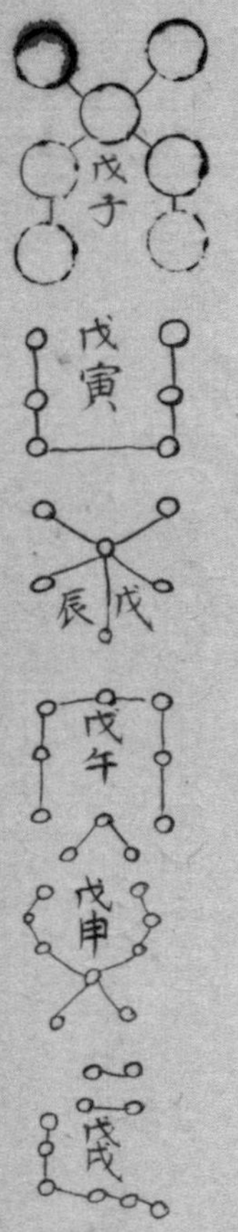

案六符另有一式　今另於右

取六戊符置于六戊之方以土副之

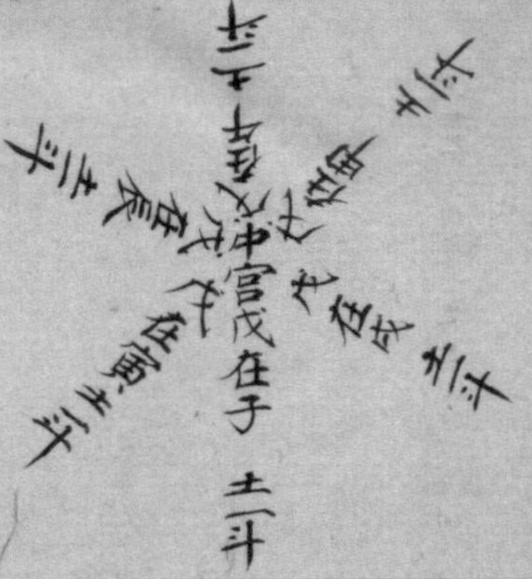

左真人閉戊法

六戊方

井咒

又六符篝篝也

書于六篝上曰

鼠窟土高均虎穴戊子

虎穴土　廣接龍堤戊寅

龍堤土厚接馬嶺戊辰

馬嶺土寬接猴山戊午

猴山土硬接狗城戊申

狗城土灵均鼠窟戊戌

按六甲安營法及藏形法另有幾各今補緑于上

附六戊安營法即閉六戊法也藏形用此法安營亦用此法

凡欲行兵立寨安營及避病去害運用之上以左手持劍于本旬戊土上如甲子旬戊在辰甲戌旬戊在寅

起行畫地一周後至中央禹步丁立而咒曰

太山之陽恒山之陰盗賊不起虎狼不侵天帝勅我使我安營藏形四廓堅固如同鐵城千凶萬要不敢來攖急急如九天元女律令咒畢即向值旬戊上取土六斗均為六堆分佈六戊之方遂堆以劍鋒劃孔照六古下六戊神符以土封固四直劍于取土之處還于中宿勿語則營外自不敢入如欲試之即牽帶犢毋牛于圈中以特放于圈外終不能入必待去土一堆犢乃見其毋牛方從散土而入即此可驗○按奇門抄本云值事六戊符印云符印盡以戊鑄成印也俱選六甲六丁吉日君時以雷擊來木式年久楓樹枟香木雕成仍設坛祭拜先祭戊辰次及戊寅順而繫之言然後行用方有試驗先賢別有該予未敢輕忽妄行今僅引其端以備叅考云云按此其符須手日刻成祭過俟再考

六戊篝未詳何用亦未詳其製法甚或如玉女篝尺二為度其下接云已上乃六戊篝是也仍如運篝之法按所言運篝乃玉女返閉法之運篝繞其下文義自見堆土云堆土是閉戊法之堆豈篝即代符用乎即運篝也此用未明認定天戶地戶玉女方仍出天門入地戶乘玉女而去六步切勿返顧據此言以後節次是同堆盡真符一樣用法矣並錄之以俟攷正

以上置符閉六戊法（如但安營後毋他法）如保避難仍如運籌之法（即上玉女返閉法運籌）認定天門地戶（天門地戶各有咒另錄）玉女守門處（即上天門地戶玉女逐日所在）出天門入地戶（此為避难若係緩事則出地戶入天門矣）乘玉女而去六步（一云百二十步）勿回顧自然遇吉

一本有取草藏身法及月厭藏身（蓋行于此法之後）閉六戊法後仍行玉女返閉法（其法在上可參）認定天門地戶玉女所在處承玉女而去取草障身法今錄于後與前（玉女返閉法）法參之

天門咒云　天門天門今日良天玉女侍我左右游傍往來四方不逢災殃君子見我（伊）喜樂無央小人見我伊宴備酒漿所求如意萬事吉昌急急如九天玄女仙律令勅

地戶咒云　天翻天覆九道皆塞患所欲令見皆得生人莫能見我鬼神莫能覩我來追我者從此迷惑以東為西以南為北乘車來者斬其兩軸乘馬來者掩其兩目步行來者腫其兩足揚兵來者令其自伏明星北斗却敵萬里追我者止見我者止牽牛織女化為江河以刀劃地存為江河急急如九天玄女仙律令勅

念畢再入局左旋至玉女方三呼玉女（如旬中所值）咒曰